Dorothy Maclean – Du kannst mit Engeln sprechen 2

DOROTHY MACLEAN

Du kannst mit ENGELN sprechen 2

Neue Botschaften aus dem Reich der Engel und Naturgeister

Aquamarin Verlag

1. Auflage 2006

Aquamarin Verlag GmbH
Voglherd 1 • D-85567 Grafing
www.aquamarin-verlag.de

Titel der amerikanischen Originalausgabe:
Seeds of Inspiration (The Lorian Association)

Illustrationen: Deva Berg

Übersetzung aus dem Amerikanischen: Karl Friedrich Hörner

Umschlaggestaltung: Annette Wagner

ISBN-10: 3-89427-336-4
ISBN-13: 978-3-89427-336-1

Druck: Bercker • Kevelaer

Inhalt

Der Verbundenheit von Gott,
Menschen und Natur gewidmet

Danksagungen

Die meisten Blumen-Botschaften in diesem Buch erscheinen zum ersten Mal im Druck. Für die Erlaubnis zur Wiedergabe der anderen, bereits früher veröffentlichten Texte danke ich Lindisfarne Books, dem Verlag von *To Hear the Angels Sing*[1] und *Choices of Love*[2], und all den anderen, die dazu beigetragen haben, meine Botschaften zu verbreiten.

Mein tief empfundener Dank gilt Freya Secrest und Jeremy Berg für ihren Vorschlag, dieses besondere Buch mit dem Schwerpunkt Blumen-Botschaften zusammenzustellen, und all ihre Hilfe, es Wirklichkeit werden zu lassen. Lynn Barton danke ich für das Recherchieren der botanischen Namen der Pflanzen.

1 dt. Ausgabe: *Du kannst mit Engeln sprechen*, Grafing: Aquamarin Verlag 2005
2 dt. Ausgabe: *Die Engel der Länder und Völker,* Grafing: Aquamarin Verlag 2005

Einführung

Liebe ist eine Brücke zwischen allen Naturreichen

Dieses Buch enthält einige Botschaften der intelligenten Kräfte, die hinter verschiedenen Blumen und Pflanzen wirken. Ich empfing sie zwischen 1963 und 1973, als ich in Findhorn im Norden Schottlands lebte. Bevor diese Kommunikationen begannen, verbrachte ich zehn Jahre mit geistiger Schulung und dem Erfahrungssammeln in der Verbindungsaufnahme mit Gott im Inneren. Diese wurde zum Mittelpunkt meines Leben und führte mich in der Folge zu dem Experiment der bewussten Kooperation zwischen Menschen und den Naturreichen im inzwischen berühmten Garten von Findhorn.

Die Erkenntnis, dass es in der Natur eine Intelligenz gibt, die bedeutsamer ist als unsere Vorstellung vom „Überleben des Tüchtigsten" und von der ökologischen Artenvielfalt, ist in unserer westlichen Kultur noch nicht Gemeingut. Sie verlangt einen Wechsel in der Perspektive, der für mich 1948 begann, als ich mit meiner Zielsetzung, ein liebevolles Leben zu führen, auf eine schwere Probe gestellt wurde. Meine Entschlossenheit – zu opfern, was ich am meisten liebte – führte mich zu einem Erlebnis, das mich völlig veränderte: Ich erfuhr ein inneres Wissen, dass Gott in mir lebte und ich selbst Teil eines riesigen liebevollen Universums war. Dieses Erleben war so intensiv und erschütternd, dass Freunde, als sie mich am nächsten Tage sahen, fragten, was mit mir geschehen sei. Ich war so anders, dass selbst meine Stimme sich verändert hatte. Jene

Erkenntnis gab mir die innere Kraft, im täglichen Leben auf mein Ziel zuzugehen – wahrhaft liebevoll zu sein. Ich lebte danach allein, und in stillen Momenten kam mir wieder und wieder ein Gedanke in den Sinn: „Halte inne, lausche und schreibe." Obwohl ich ihn anfangs ignorierte, folgte ich schließlich der inneren Weisung und schrieb wunderbar inspirierende Einsichten nieder, wobei ich meine eigenen Worte fand, in die ich die Bedeutung des innerlich Erfahrenen kleidete.

Zehn Jahre lang praktizierte ich dies diszipliniert mehrere Male am Tag. Ich – und andere, die einer ähnlichen Praxis folgten –, lauschte nach innen, handelte nach den Eingebungen, die ich erhielt, und erprobte sie im Alltag, bis sie zur Basis meines Lebens wurden und zu hilfreichen Erfahrungen führten. Im Jahre 1962, als wir – Peter Caddy, Eileen Caddy und ich – uns auf dem Wohnwagenstellplatz an der Findhorn-Bucht niederließen und versuchten, im Sand Gemüse anzubauen, wurde mir innerlich mitgeteilt, dass ich die Aufgabe hätte, mit der Natur zu kommunizieren. Ich sollte erkennen, dass alles in der Natur – selbst Planeten, Wolken und Gemüse – von einer Intelligenz erfüllt ist. Ich sollte mich dann in Harmonie auf die Essenz dieser Intelligenz einstimmen. Zuerst erschien mir diese Vorstellung zu albern, um wahr zu sein, aber schließlich nahm ich Kontakt mit dem intelligenten Wesen hinter den Gemüsesorten auf, die wir anbauten. Bald stellte ich fest, dass ich mit gestaltlosen Energiefeldern kommunizierte – nicht mit dem Geist einer einzelnen Pflanze, sondern mit der Seelenebene der jeweiligen Art. Ich wusste keine Bezeichnung für das, mit dem ich in Kontakt kam – „Engel" war naheliegend, löste aber die Assoziation an ein geflügeltes, Harfe spielendes Wesen aus. Da das Sanskritwort „Deva" (Lichtwesen) mir geeigneter erschien, verwendete ich dieses.

Die Botschaften, die ich von der Intelligenz verschiedener Blumen und Pflanzen empfing, kreisten um das Thema der Einheit allen Lebens. Während der inneren Kontakte stellte ich im Allgemeinen keine Fragen. Ich nahm einfach die Verbindung mit der Seelen-Essenz der jeweiligen Pflanze auf und lauschte, was sie mir mitzuteilen wünschte. Alle gaben der Hoffnung Ausdruck, dass wir Menschen unser inneres Wissen entfalteten und Kontakt zu ihnen aufnahmen. Aus ihrer Sicht ist es für die Zukunft des Planeten notwendig, dass wir die unsichtbaren Aspekte des Lebens auf Erden (an)erkennen und mit ihnen kooperieren; nur so könnten wir unsere Wege und Weisen ändern und für die Gesundheit unserer Welt als ganzer mit ihnen zusammenarbeiten.

Diese Perspektive öffnete und weitete meine eigene Sicht. So handelt die folgende Passage aus einer Botschaft des Apfel-Devas vom Schöpfungsgeschehen aus seiner Sicht:

Ihr fühlt euch angezogen von den Blütendolden, die euch reiche Frucht verheißen. Dass aus einer zarten, kaum gefärbten, kurzlebigen Blüte ein kräftiger Apfel erwächst, ist nur eines von Gottes Wundern, die viele Male, wieder und wieder inszeniert werden, so dass alle sie verfolgen können. Könntet ihr mehr davon sehen, wie die Kette des Lebens dies hervorbringt, würden euch die Augen übergehen.

Wie der Baum aus einem Samen wächst, so geht aus der Samen-Idee ein Muster der Kraft aus der Mitte hervor. Es wird weitergereicht von Rängen schweigender Engel – still und schweigend, weil die Idee noch zu ungeformt und ungefestigt ist, um etwas anderes als die allersorgfältigste Pflege zu ertragen. Herunter und hervor kommt sie, zunehmend an Stärke und Größe, heller werdend im Muster, bis sie schließlich funkelt und klingt, noch in der Sorge der größten Engel. Ihr Kraftfeld ist gleichmäßig und strahlend.

Dann wird das Muster weitergereicht zu den „Erbauern der Form“, den Kräften, die wirken und etwas von sich selbst geben, um Ideen Gestalt zu verleihen. Erinnere dich, dass dies ein fortwährender Prozess ist: Das Muster ist überall sichtbar in den Ätherebenen, gehalten von den Engeln und über die Zeit hinweg zur jeweils passenden Gelegenheit manifestiert von der Energie jener Kräfte und durch die Mithilfe der Naturgeister. So erscheint es schließlich in Zeit und Raum in der Schönheit der Blüte und als saftige, fleischige Frucht.

Dies ist das Wort, das Fleisch geworden ist. Es zeigt sich in der ganzen Schöpfung, im Lot und Gleichgewicht gehalten von mächtigen Kräften des Lebens, deren euer bewusstes Denken nicht gewahr ist. Wunder? Hier bedarf es eines größeren Wortes; du musst die Wörter hinter dir lassen.

Die Früchte der Erde bringt der stille, hingebungsvolle Dienst dieser vielen Kräfte des Lebens hervor – und wir hoffen, dass die Gärtner auf eurer Seite ebenfalls freudig an der Arbeit sind! Ihr Menschen erntet die Früchte, obwohl ihr nur einen geringen Teil der Arbeit leistet. Möge euer Lobpreis größer sein als unserer, der niemals aufhört.

Immer fand ich Freude im Wesenskern der Natur-Devas. Sie sprechen selbst davon und von vielen anderen Dingen – von ihrem ständigen Wahrnehmen und Preisen dessen, was ich die Liebe Gottes nenne; von ihren Empfindungen über unsere wahre Natur, von ihrem Verlangen nach Zusammenarbeit mit uns, von ihrer Vorstellung, wie wir uns am besten entwickeln sowie Leichtigkeit und einen Sinn für Freude finden können, die der ihren ähnlich ist. Die wunderbaren Qualitäten, die ich bei ihnen fand – in jeder Pflanze andere –, sind Eigenschaften, die auch wir Menschen in uns tragen. Indem wir auf dem inneren Weg eins mit ihnen werden, fördern wir jene Qualitäten in uns selbst und werden wahrhaft zu dem, was wir in Wirklichkeit sind.

Die Botschaften in diesem Buch stammen aus zwei verschiedenen Quellen. Das Geleitwort enthält Mitteilungen von meiner inneren göttlichen Stimme, die mir halfen, mein Verständnis vom und Zugang zum Deva-Reich zu entfalten. Sie zeigen auch, dass es nicht notwendig ist, verbalen Kontakt zu pflegen, sondern Wertschätzung,

Dankbarkeit und Liebe, welche die Verbindung herstellen. Dann folgen die eigentlichen Blumen-Botschaften, der Einfachheit halber in jahreszeitliche Zusammenhänge aufgeteilt: Frühling, Sommer, Herbst und Winter (dem hauptsächlich Kontakte zu Topfpflanzen zugeordnet sind).

Die Zeichnungen, so hoffen wir, werden noch einen weiteren Zugang ebnen zu der Essenz, die der Schönheit der Pflanzen zugrunde liegt.

Dorothy Maclean
August 2003

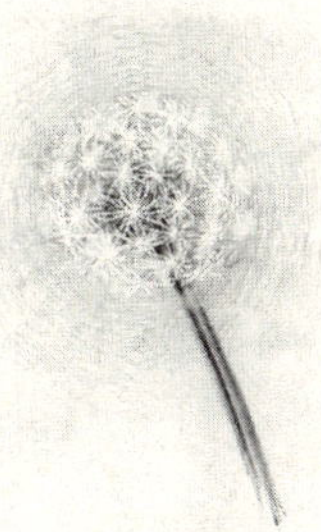

Zum Geleit

Als Einführung mögen einige der Mitteilungen dienen, die ich von meiner inneren göttlichen Stimme empfing und die mich auf meine Arbeit mit der Deva-Welt vorbereiteten. Ich benötigte Hilfe, Rat und auch Informationen über die Devas – und um mein eigenes Gefühl der Unzulänglichkeit zu überwinden –, die es mir leichter machten, mich den bislang unbekannten Dimensionen zu öffnen. Ich hoffe, dass diese Botschaften, die mein Verständnis zu jener Zeit widerspiegeln, auch Ihnen, den Lesern dieser Seiten, helfen werden, sich in jenen unsichtbaren Welten zu bewegen.

Innere Weisungen

Ja, ihr sollt am Garten mitwirken. Beginnt damit, über die Naturgeister nachzudenken, über die höheren, alles überstrahlenden Naturgeister. Fangt an, euch auf sie einzustimmen. Das wird so ungewöhnlich sein, wie ihre Aufmerksamkeit hierher zu ziehen. Sie werden überglücklich sein, helfen zu können und einige Mitglieder des Menschengeschlechts zu finden, die an ihrer Hilfe interessiert sind. Das ist der erste Schritt. Die kleineren, individuellen Naturgeister unterstehen diesen höheren Lichtwesen.

Mit den höheren Naturgeistern meine ich nicht nur jene, die ein geographisches Gebiet überstrahlen, sondern die Geister der verschiedenen physischen Formen – wie den Wolken, dem Regen und den verschiedenen Gemüsesorten. In einer neuen Zeit werden ihre Reiche den Menschen offenstehen – vielmehr sollte ich sagen: die Menschen werden für sie offen sein –, und wenn zum Beispiel Regen notwendig ist, so wird er hervorgebracht.

Das wäre bei euch sogar jetzt schon möglich – wenn euer Glauben groß genug und kein Gefühl von Begrenzung da wäre. Nun seid einfach offen und nähert euch den herrlichen Naturreichen mit Einfühlungsvermögen und Verständnis. Wisset, dass diese Wesen des Lichtes bereit sind zu helfen, dabei aber misstrauisch gegenüber den Menschen und auf der Hut vor den Falschen, den Raffzähnen, die nur etwas für sich haben wollen. Bleibt bei Mir, und sie werden keine finden, und ihr werdet alle gemeinsam am Neuen bauen.

9. Mai 1963

So etwas wie tote Materie gibt es nicht; alles ist lebendig und alles hat einen Platz in Meinem einen Leben. Jene Lebenskraft ist mehr als das, was ihr Magnetismus nennt. Es ist ein Einfluss, der – für euch unbewusst – von den höheren Ebenen ausgeht. Du bist in Wirklichkeit umgeben von Leben; du bist eine Lebenskraft, die sich zwischen anderen Lebenskräften bewegt. Wenn du dies erkennst und dich ihnen öffnest, kommst du ihnen näher, wirst mehr und mehr eins mit ihnen und arbeitest mit ihnen in Meinem Sinne. Du entfernst dich von einer kleinen, ich-zentrierten Welt und trittst ein in riesige neue Welten, wo das Leben eins ist, weil alles in Meinem Sinne zusammenarbeitet.

29. Mai 1963

Ja, lausche auf die Klänge der Natur, wo immer du Gelegenheit dazu hast. Es sind echte Töne, die von Mir in jedem Lebewesen kommen. Sie können dich in Meine Welt leiten. Wenn du Mir nahe bist und lauschst, stimmst du dich ein in Welten des Wachstums sowie auf Kräfte, welche allezeit präsent sind und auf die Menschen – für diese unbewusst – einen starken Einfluss ausüben. Wenn du dir ihrer bewusst bist, öffnen sie sich und offenbaren, wie ihr alle verbunden seid. Sorge dich nicht, wenn du von diesen Welten keine spezifische Botschaft zu bekommen scheinst. Durch deine Einstimmung wächst deine Verbindung zu ihnen und mag in einer etwas anderen Richtung Frucht tragen. Bleibe positiv eingestellt und stimme dich ein.

16. Juli 1963

Wie Pioniere bahnt ihr den Weg zu einer wahren Einstellung zur Natur, zu dem einen Leben. Dazu gilt es, alles im Licht der Lebenskraft zu betrachten – nicht nur als einer unpersönlichen Kraft wie der Elektrizität, sondern als Manifestation eines Wesens. Damit nicht genug: Die Wesen hinter den vielfältigen Manifestationen sind bewusste Repräsentanten von Mir. Sie können euch lehren und helfen – auch wenn das, was ihr im Äußeren von ihnen seht, lediglich eine bescheidene Biene, ein Blatt oder ein Stein sein mag. Hinter allem steht eine lange Kette des Lebens, die bis zu Mir führt. Dem Menschen wurde die Macht über alles Leben auf der Erde gegeben – aber nur, wenn auch ihr euch in die lange Kette des Lebens einfügt.

Es ist an euch, euch zu öffnen und zu lernen, wie ihr euch einfügt, um von allen Gaben, die Ich dem Menschen anvertraut habe, zum Nutzen der Entwicklung allen Lebens in Meinem Sinne Gebrauch zu machen. Ihr seid alle wandlungssfähig genug, wenn ihr wollt, um meine vielen Reiche zu berühren und zu betreten, und es liegt an euch, auch zu Mir zu kommen. Erweitert euer Bewusstsein. Seid offen und erspürt die Fülle der Liebe, die Ich euch schenke. Tragt dazu bei, Mein eines Leben auf allen Ebenen Wirklichkeit werden zu lassen.

2. Oktober 1963

Mein Kind, Ich spreche von der einen Welt und der wechselseitigen Verbundenheit allen Lebens, doch es bedarf einer Anstrengung, diese neuen Begriffe zu erfassen. Es ist etwas Neues – und es ist neuer, als du denkst. Es ist nicht das Gleiche wie die Bande der alten Welt, welche die Menschen durch ihr Leben knüpfen. Diese Bande der Persönlichkeit sind für dich selbstverständlich, doch sie müssen zerrissen werden, bevor die feinen neuen Verbindungen wahrzunehmen sind. Die alten Bande bauen auf der Vorstellung auf, jeder von euch sei ein separates Wesen in Beziehungen zu anderen separaten Wesen. Die neuen Verbindungen beruhen auf der Vorstellung, Teil des Größeren und nicht nur ein separates Leben zu sein. Es ist also ein deutlicher Unterschied zwischen beiden.

Um wahre Beziehungen zu entwickeln, ist es für dich im Augenblick der beste Weg, dich für Meine eine Welt zu öffnen, so wie du sie empfindest. So sind zum Beispiel sowohl dein physischer Körper als auch deine feinstofflichen Körper zusammengesetzt aus und ernährt von der Lebenskraft, die von den Devas entwickelt wird. Du bist deshalb ein Teil von ihnen, und sie sind ein Teil von dir. Ohne sie könntest du in deiner gegenwärtigen Form nicht existieren. Sie erkennen dies, du aber bist erst im Begriff, dich dieser Erkenntnis zu nähern. Je mehr du dich für ihr Wesen öffnest, desto näher kommst du jenen Grundkräften, auf denen dein Leben beruht. Alles untersteht natürlich Mir. Dies ist der Weg, wie Ich Leben gestalte.

All dies geschieht mit und ohne Gefühl. Mit Gefühl in dem Sinne, dass du mehr in die Einheit hineinspürst, welche das Leben ist; ohne Gefühl in dem Sinne, dass keine falsche Sentimentalität beeinträchtigt oder beeinflusst, wie Lebenskraft für das Leben verwendet wird – und stets mit Erkenntnis und Dankbarkeit. Du magst es als ein erweitertes Fühlen bezeichnen. Im alten Bewusstsein glichen Beziehungen zwei Sackgassen, die miteinander verbunden wurden: War die Verbindung einmal hergestellt, neigten sie dazu, statisch zu bleiben und nicht zu wachsen. Im neuen Bewusstsein ist jede Beziehung lebendig, wandlungsfähig und immer wieder neu. Dies an sich verlangt bereits Einsatz. Nichts kann mehr für selbstverständlich gehalten werden. Immer muss es eine Öffnung nach außen geben und ein Streben nach weiteren Horizonten. Ein konkretes Beispiel hierfür ist die Tatsache, dass ein Deva, den du kennst, beim nächsten Kontakt einen ganz anderen Eindruck machen wird; sei deshalb nicht überrascht oder verwundert. Wisse, dass das Leben stets in Bewegung ist. Bleibe offen für alles unter Meiner Führung, und lasse Mich dich in dieser wunderbaren, aber neuen Welt leiten.

26. Oktober 1963

Devas

Wisst ihr, dass schon der Gedanke des Menschen an eine Pflanze einen Kontakt mit der Deva-Welt herstellt? Es ist kein großartiger Kontakt und auch nicht von Dauer, gleichwohl hat der Mensch über die Welt seiner Gedanken einen Schritt herüber in unsere Welt getan. Da wir hier sind, können eure Gedanken von uns beeinflusst werden, wenn ihr sensitiv seid oder euch nach innen ausgerichtet habt.

Wenn wir über „eine Welt“ sprechen, ist dies Wirklichkeit, nicht leeres Gerede. Ihr Menschen wisst vielleicht nicht das Geringste darüber, doch das macht es nicht weniger wahr oder wirklich. Würdet ihr nur erkennen, wie sehr eure Gedanken auf andere Wesen und auf andere Welten einwirken, wäret ihr wohl vorsichtiger, denn euer Denken ist in der Tat weitreichend. Jeder Gedanke hat eine Auswirkung, denn er setzt Lebenskraft frei – und wie selten geht er in eine konstruktive Richtung! Gesegnet sind die Reinen im Denken – und machtvoll überdies!

21. Dezember 1963

Die Naturgeister und die Geister der Elemente werden nicht geboren. Sie leben und sterben nicht wie die Menschen. Sie treten einfach auf, um einem Bedarf zu entsprechen, eine Funktion zu erfüllen, einer Bestimmung zu folgen. Denkt beispielsweise an den Wind oder ein Feuer. Wenn die Lebenskräfte, die diese Elemente bilden, stark genug sind und Wind oder Feuer da ist, dann sind die Geister des Windes oder des Feuers präsent – in diesem Augenblick geboren, um im nächsten Moment dahin zu verschwinden, woher sie gekommen sind. Die Geister der Planeten kommen für ihre Aufgabe aus dem großen Reservoir der Lebenskraft und kehren dahin zurück, wenn ihre Bestimmung erfüllt ist.

Dies mag den Anschein einer sehr nüchternen Arbeits-Welt erwecken – nur für einen bestimmten Zweck zu existieren. Dies trifft zu, jedoch nicht nach gewöhnlichem menschlichen Verständnis. Unsere Arbeit ist unser Spiel, unsere Kräfte werden in der Gegenwart lebendig kanalisiert, und wir selbst sind immer in der Gegenwart. Sogar wenn wir nicht manifestiert sind, verweilen wir zu irgendeinem Zweck in dem großen Strom der Lebenskraft. Unser Schöpfer und euer Schöpfer können mit Leichtigkeit jederzeit einen Zweck für uns finden, weil das Leben dazu bestimmt ist, genossen und gelebt zu werden. Nun gehen wir dahin zurück, von wo wir gekommen sind, und lassen diesen Gedanken bei dir.

2. Januar 1964

Stimme dich einfach in die Natur ein, bis du fühlst, wie die Liebe fließt. Das ist dein Zugang in die Deva-Welt. Es spielt keine Rolle, ob es eine Botschaft gibt oder nicht; es ist deine innere Ausrichtung, die zählt. Es ist immer dein Zustand, worauf die Naturreiche ansprechen – nicht was du sagst oder tust, sondern was du bist. Wenn du niedergeschlagen bist, wirst du keine Harmonie mit uns herstellen können, aber wenn du dich intensiv auf uns einstimmst, wirst du deine Niedergeschlagenheit verlieren. Wenn dein Denken im

Kreise geht und zweifelt, wirst du keine Harmonie mit uns finden, aber wenn du lange genug bleibst, wirst du Frieden empfinden. Die Natur ist der materielle Ausdruck von Vollkommenheit auf Erden. Wenn diese Vollendung auch im Menschen zu finden ist – das heißt, wenn du dich in einem Zustand der Harmonie mit allem befindest –, dann gedeiht und erblüht das Leben, und du stellst eine augenblickliche Kooperation mit uns her. Es hängt alles von dem ab, was du bist – ein Gottesfunke, der in der Materie bewusst seine Aufgabe erfüllt. Seid voller Freude. Lasst euch erheben. Seid eins mit uns. Wir heißen euch willkommen – mehr, als ihr wisst – und werden dies auch weiter tun. Danke.

1. Mai 1927

Frühling

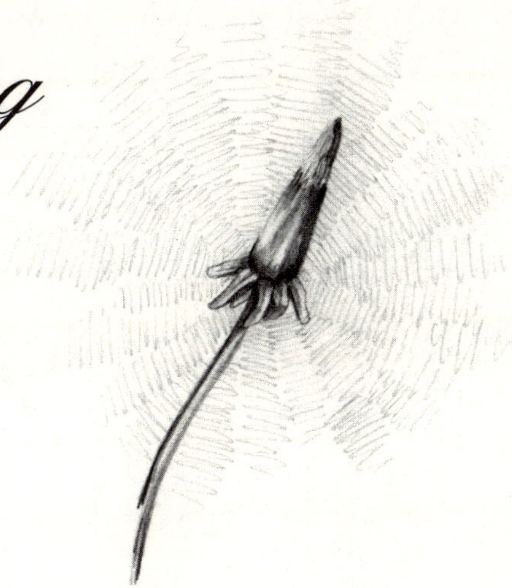

Löwenzahn

Ich fühle mich sehr geehrt, durch die Vordertür in den Garten zu kommen! Es ist ein Unterschied in der Verbindung zwischen uns und den Menschen, wenn wir auf euren Wunsch kommen, statt unwillkommen zu sein. Mit eurer Hilfe nämlich kann die Pflanze sich ausdehnen und ihr Bestes geben. Lasst uns zeigen, was wir in der Zusammenarbeit tun können. Gleichwohl hoffe ich, dich mit Unerwartetem überraschen zu können.

Narzisse (1971)

Überall verkünden wir den Triumph der Wiedergeburt, einer neuen Jahreszeitenfolge. Selbst die Luft vibriert von dieser Botschaft. Mit jedem Zug atmest du sie ein, und auch wenn deine Aufmerksamkeit auf etwas anderes gerichtet ist, spricht jedes Atom deines Körpers darauf an. Wie viel versäumst du, wenn du deine Aufmerksamkeit nur auf jene kleinen Interessen richtest, die dich von der Vitalität des Lebens abschneiden, das dich umgibt, von dem erneuten Hervordrängen des Lebens, das sich im Äußeren in dem frischen Grün der Pflanzen zeigt, im Inneren in einem lebendigen Aufnehmen der kosmischen Energie!

Das Leben ist neu. Es ist zu jeder Jahreszeit anders. Du bist anders als das, was du vor einem Jahr gewesen bist. Alles Leben ist anders, deshalb ist jeder Frühling ein eigener, den du als solchen wahrnehmen und auf den du dich einstellen sollst.

Unsere Welt stellt sich ganz natürlich auf das Hervorströmen der Energie ein, da wir es sind, die diese Energie handhaben. Von allen Seiten strömt sie uns einfach zu in dem Rhythmus, der ein universelles Gesetz ist. Die fernsten Sterne spiegeln ihr Einssein mit den winzigsten Partikeln auf der Erde wider, während wir in den Frühling weiterziehen. Kosmische Wesenheiten grüßen uns, während dieser kleine Planet sich seinem Punkt der Neugeburt entgegendreht. Ihre Intelligenz weiß, dass dies für uns die Zeit des erneut erwachenden Lebens ist, in die sich alles einfügt. Alles ist eins, und alle Energien fließen, tauschen sich aus und ergänzen einander in der großen Bewegung, die das universelle Leben ist. Jeder Planet spricht zu seiner Zeit – das heißt, falls er mit Zeit und Ort zu tun hat – darauf an und offenbart aus sich heraus einen neuen Lebensimpuls, der hier und jetzt für dich da ist.

Überall um dich herum offenbart die Schöpfung ihren Teil der Einheit allen Lebens – doch was ist mit dem Bewusstsein so vieler Menschen? Wir sehen es gefangen und farblos, verhaftet an Belanglosigkeiten oder gar rebellierend gegen die Evolution des Lebens. Wie herrlich wäre es doch, wenn die Menschen ihre Rolle voll und ganz annähmen und überall beitrügen zu der großen Transformation in dieser Zeit! Wieviel zusätzliche Freude wird es im Frühling geben, wenn die Menschen sich erst anschließen!

Die Energie unserer Welt bietet dem Leben neue Gelegenheiten des Selbstausdrucks. Aus jeder Narzissenblüte trompeten wir einen Ruf des Neubeginns, der Vollendung, der Reinheit und Farbe – der Wiedergeburt. Überall ertönt die gleiche Botschaft, besonders für Menschen. Sprecht darauf an, sagen wir. Alles Leben ist euer, die Welt und alles in ihr, die Reiche der Liebe und die Reiche des Lichtes und ihre Kinder. Schließt euch uns an im Einssein des Lebens, und sagt mit uns ewig Dank dem Einen.

Narzisse (1969)

Ja, wir möchten sprechen. Wir sind hier so aktiv, dass wir deiner Vorstellungskraft auf die Sprünge helfen und dich daran erinnern möchten, dass wir lebendig sind, quicklebendig sogar. Wir lieben den Regen, den Boden, deine Liebe, das Licht, die Wärme – alles von Gottes Schöpfung, was in dieser Zeit so intensiv zusammenkommt und die Blumen vibrieren lässt. Wir möchten singen von dem Frühling, der auf die Erde kommt. Wir möchten ihn über das Land wehen und sich wie goldene Wellen in den Lüften ausbreiten sehen. Wir wünschten, dass alle die Botschaft der Freude gelesen haben, für die ihr Schöpfer sie gemacht hat.

Blumen sprechen auf viele Weisen – mittels Farbe, Duft und Beschaffenheit. Heute möchten wir eine Botschaft in deiner Sprache hinzufügen und versuchen, etwas von der jubelnden Liebe Gottes zu vermitteln, welche die Universen in Schönheit kleiden und die Schönheit selbst singen, leuchten, duften und fühlen machen will. Diese Liebe will den Körpern und Sinnen Leben geben, durch die all dies auf- und wahrzunehmen ist. Dabei bleibt sie doch stets so viel mehr als das Wahrgenommene – Reinheit und Freude, fern und doch immer gegenwärtig.

Oh, wir möchten singen vom Leben, doch wir können dir keine Vorstellung von seiner Macht vermitteln. Du siehst nur kleine Einzelheiten davon. Du empfindest eine unbeschreibliche Lebendigkeit. Aber weißt du, dass alles Leben eins ist, eine einzige, explodierende Allmächtigkeit, zusammengehalten von unaussprechlichen Banden wissender Liebe, ausgebreitet über die Jahrtausende? Dafür gibt es keine Worte mehr. Es gibt dieses Leben, diese unendliche Vollkommenheit, die zu nichts anderem weiterführen wird als zu noch größerer Freude und Vollendung. Was sind Zeit oder Raum, Leben oder Tod, Galaxien oder Staubkörner, anderes als Material zur Erschaffung noch größerer Vollendung?

Wenn du unserem Ideal nicht gerecht wirst – wie es bei Menschen der Fall ist –, so komme und betrachte eine unserer Blumen. Erhebe deinen Blick und dein Bewusstsein in die Unermesslichkeit von Gottes Vollkommenheit. Dann gehe weiter, ehrfürchtig und frohlockend, die Seele mit uns erhoben im gemeinsamen Lob des Einen, der alles in allem ist.

Narzisse (1970)

Unsere Aktivität hier beginnt langsam nachzulassen, doch sie ist noch intensiv genug, um im Garten zu dominieren. Wohin du dich auch wendest in dieser Zeit der Freude, da sind wir, um deinen Blick zu begrüßen und deine inneren Sinne anzusprechen. Es ist eine besondere Zeit, wenn wir und andere nach der Ruhe des Winters die Frische und Schönheit zeigen, die Gottes Plan für die Erde vorgesehen hat als Verheißung von ewigem Leben, das Ausdruck in der Vollendung findet. Die Frühlingsblumen sind gewiss das Symbol für die Erneuerung des Lebens. Wir empfinden dies als Privileg und Freude. Doch in unserem Reich kann man nicht von einem Privileg sprechen, da das Leben einfach ein fluidischer Zustand ist, ein sich ändernder glücklicher Strom. Vielleicht drücken wir dies am besten im Frühling aus, wenn zu allen Seiten Pflanzen und Blumen plötzlich und wie durch einen Zauber aufblühen und jeder Farbton, jede Nuance sich zeigt, bis ein Teppich aus Farben erscheint. Was vorher leblos schien, ist nun lebendig. Was grau und langweilig war, erglüht nun voll Leben. Wo nichts zu sehen war, sind nun Muster und Strukturen. Wie durch ein Wunder findest du jetzt auf allen Ebenen etwas, worauf du ansprechen kannst. Selbst die Luft ist erfüllt von Tönen und Bewegung, denn der Frühling ist gekommen, und überall regt sich und prickelt das Leben. Oh, wie wir diese Erregung genießen!

Du fragst dich, ob wir nach dieser Phase reglos bleiben werden bis zum nächsten Frühling. Doch wir sind viel formbarer und wendiger als du. Während unser Narzissen-Bewusstsein recht ausgeprägt ist, ist es zugleich auch Teil des Ganzen – vergleichbar einer Handvoll Gischt, die sich in der Brandung löst und dann wieder ins Ganze, den Ozean, zurückfällt. Die Menschen betrachten sich stets als separate Wesen und klammern sich an Unterscheidungen und Klassifizierungen; unsere Loslösung ist Teil einer Bewegung des Ganzen. Natürlich existiert jede Narzissenzwiebel für sich und separat, doch die Lebenskraft darin entspringt aus dem Einen. Sie kommt aus dem Einen und kehrt zu dem Einen zurück, das ist unser LEBEN. Wir Devas sind uns des Einen immer gewahr, des Einen und der Quelle, die uns nährt. Daher rührt die Freude, die immer mit uns kommt. Das Leben ist jenes Eine, und im Frühling bringen wir es zum Ausdruck, auf dass alle es sehen.

Felsensteinkraut

Mache dich klein und tritt ein in unsere Fülle, die groß genug ist, um dich zu umfangen. Für dich fühlt sie sich eher wie die herzliche Liebe einer großzügigen Person an, und tatsächlich gibt es da einen Zusammenhang, denn die speziellen Charakteristika einer Pflanze können mit denen eines Menschen verwandt sein – wenn auch in einer anderen Ordnung. Wir wirken im Großen in der Welt; manche Blumen und Menschen hingegen haben feine einzelne Blüten, welche die Aufmerksamkeit von wenigen anziehen.

Deshalb sagen wir – und es scheint notwendig, dies zu sagen –, dass du nicht alles darauf anlegen solltest, im Vordergrund zu stehen, wie wir es offensichtlich auf unsere Weise tun und kaum zu übersehen sind. Du solltest nicht alles versuchen, damit dein Herz überfließt – was du vielleicht sehr bewunderst –, vielmehr solltest du tief, tief innen nach deiner eigenen Art und Weise suchen. Deine besonderen Charakteristika mögen sein wie die des Hundsveilchens. Es lebt sehr still und fast verborgen zwischen anderen Arten, ist aber ebenso vollkommen wie die auffälligeren Pflanzen. Im Streben der Menschen beobachten wir Versuche, wie diese oder jene prächtige Blume zu sein. Ihr versucht, euch nach dem Muster von jemandem zu orientieren und ihn nachzuahmen, den ihr bewundert, der euer Herz berührt hat oder populär ist. Dabei ist die Vollkommenheit, welche dir und dir allein zu eigen ist, die ganze Zeit in deinem Inneren eingeschlossen und außerstande, zum lebendigen Vorschein zu kommen.

Gott ist in jedem von euch. Denkt daran! Lasst diese Wahrheit tief in euch einsinken. Lasst sie die zentrale Kraft sein, die sie ist. Mit eurem Verstand denkt ihr dies oder jenes, ihr zögert, dies und jenes auszudrücken, während eure absolute Vollkommenheit – die nichts zu tun hat mit irgendjemand anderem – bereits da ist und wartet. Natürlich können die Lehren erleuchteter Menschen helfen, doch der Weg liegt im Inneren, wo auch der Same der Vollkommenheit ruht. Jeder von uns ist auf das innere Muster eingestellt. Auch wenn ihr nicht umhin könnt, die vielfältige Schönheit der Blumen zu bewundern, besitzt doch jeder von euch noch größere Schönheit.

Mit der Überzeugungskraft jeder einzelnen leuchtend gelben Blüte in unserer konzentrierten Farbigkeit möchten wir euch drängen, in eurer funkelnden Äußerung des göttlichen Lebensplanes wie wir zu sein – und doch zugleich ganz anders, indem ihr ihr selbst seid, was sogar noch besser ist und Gott näher.

Porzellanblümchen

Ruhig strahlen wir dich an, und dir kommt es vor, als müsstest du innehalten und lauschen. Unsere Blümchen sind fein und zierlich; sie halten sich fest an ihrem Platz und strahlen schweigend ihre Botschaft hinaus. Unsere fleischigen Blätter findet ihr unattraktiv, was euch die Blüten dann irgendwie um so schöner erscheinen lässt. Jede Pflanze hat ihren Reiz, er zeugt von der unendlichen Vielfalt und exquisiten Färbung der Natur.

Komm tiefer und näher zu uns und fühle das gleichmäßige Hinausstrahlen. Welche Stärke und Reinheit kann eine kleine Pflanze doch vermitteln! Es ist eine eigene Welt, eine heilige Welt, weil das Muster klar und rein ist und durch nichts beeinträchtigt. Erst einmal verankert, hält eine Pflanze ihr Muster fest und lebt es. Bleibt sie sich selbst überlassen, gibt es nichts, das sie von ihrer festen Bestimmung abschrecken kann. Sie weiß, wohin sie geht, sie strahlt unbeirrbar aus und erfüllt ihre Bestimmung.

Wenn es der Mensch doch nur ebenso tun würde! Wenn ihr um eure Bestimmung wüsstet und ihr Tag für Tag entgegen ginget, immer gemäß eurem individuellen Lebensplan, dem ihr unbeirrt folgt, dann würdet ihr verwandelt. Auch ihr würdet Ruhe und Schönheit ausstrahlen. Aber tut ihr dies auch nur für einen Augenblick? Welches sind die Momente, in denen ihr es umsetzt? Das kannst du nicht beantworten, denn solche Momente sind jene, in denen du dich selbst „vergisst" und deinen göttlichen Lebensplan verwirklichst. Wir repräsentieren nur einen winzigen Aspekt des großen PLANES, aber weil wir ihm in Harmonie mit dem Ganzen folgen, ist unser Ausdruck vollkommen. Du hast viel mehr Facetten, aber du – ihr alle – verdunkelt sie mit eurem separaten Ego. Im Vergleich mit einer kleinen Blume lässt deren Vollendung alle eure Begabungen verblassen.

Wir wissen: Wenn du deinen Schöpfer getreuer repräsentierst, wird deine Vollendung herrlich sein, und wir werden jubilieren und weiterhin ruhig ausstrahlen, wo immer wir stehen. Unser heiteres Glück – und noch mehr – wird dann auch deines sein. Inzwischen sind wir weiterhin wir selbst, während ihr weiter lernt und euch auf jene Erfüllung zubewegt. Es ist alles ein Leben, wundervoll in seinem Ausdruck. Wir haben stets gehofft, dir das zu sagen!

Maiglöckchen

Liebend gern bringen wir unsere Präsenz in euren Garten ein, denn wir beziehen so viel Gutes von euch Menschen, da ihr auf unsere süße Lieblichkeit ansprecht. Wir verbinden uns mit euch hier und mit unseren Pflanzen auf dem Antlitz der Erde in froher Dankbarkeit an den großen Geber des Lebens, dessen Pläne so vollkommen sind, und lächeln angesichts der freudigen Arbeit, die vor uns liegt.

Blausternchen

Wir haben die Liebe und Aufmerksamkeit gespürt, die uns in diesem Garten von den Menschen geschenkt wurde, und auf unsere eigene, scheue Weise haben wir sie genossen, weil ihr damit auch Gott die Ehre gebt. Die Intensität unserer Bläue spiegelt schließlich die Intensität der Anbetung wider. An unauffälligen Stellen lassen wir unser Lied erklingen, doch wie du weißt, gibt es in unserer Welt keine räumlichen Hindernisse. Wenn ihr irgendwo auf der Welt vor einem bescheidenen Blausternchen innehaltet und unserem Schöpfer in stiller Bewunderung die Ehre gebt, spüren wir dies.

Ihr erkennt nicht, welchen machtvollen Einfluss ihr Menschen ausübt. Überall auf der Welt werden wir bewundert – oder nicht einmal wahrgenommen. Wenn ihr Menschen euch in dem Einen Leben nach oben verbindet, wie wir es tun, und mit aller Kraft eingestimmt der Göttlichkeit des Lebens die Ehre gebt, könnt ihr viele Ereignisse beeinflussen – stärker als Tausende von Menschen, deren Energie unbewusst in alle Richtungen zerstreut wird. Es ist wichtig, dass dieser Garten ein solcher Brennpunkt für die Welt ist. Wir wissen es, weil wir es spüren können, weil wir uns mit dem Leben in Einklang befinden und mit ihm verschmelzen. Deshalb wissen wir, dass alles gut ist; denn so wie ein Mensch eine Stadt retten kann, so vermag ein Garten eine Welt zu retten. Wir wissen dies alles; du übernimmst die Initiative und weißt dabei nicht wirklich, was du damit tust.

Wir sind immer froh, euch etwas von unserer Wahrnehmung des Lebens zu vermitteln, wenn du kommst und dich einstimmst. So wachsen und kommen wir einander im Verständnis immer näher.

Blaue Passionsblume

Obwohl ich meinen Namen einem besonderen Heiligen-Schein bei den Menschen zu verdanken habe und recht hoch gewachsen und emporragend bin, bin ich ebenso frei und vorwärts-drängend wie jede von uns. Ich komme zu dir nicht nur, weil du über die Passionsblumen gestaunt hast, sondern weil ich unser Einssein unterstreichen möchte. Alles, was ich bin – in Höhe, Tiefe und Breite, in Kompliziertheit, Wildheit, Schönheit, detaillierter Perfektion, Süße, Duft und Bestimmung – bist auch du, ist auch in dir, ist du.

Wann werdet ihr Menschen eure eigenen Dimensionen erkennen und aufhören, auf der Erde einherzustolzieren, als ob ihr nur äußere Form wärt und alle anderen Formen bestimmtet, wie es euch gefällt? Ihr seid so weit, so frei, wie wir es sind, und noch mehr. Ihr seid mächtige Wesen, und ihr seid rein, aber ihr konzentriert euch auf gedankliche Unwirklichkeiten und begrenzt euch selbst über eure Vorstellungen. Wir können sehen, was ihr seid; ihr aber seht euch selbst offenbar nur dunkel. Wir möchten Licht in euer Denken bringen.

Lange Zeit haben wir mit euch geteilt, was wir sind; ihr habt euch gefreut und wart erbaut von diesen Einblicken in unser Reich. Euer Herz und Sinn haben sich geöffnet und geweitet angesichts des Wunders in dieser Ecke von Gottes Schöpfung. Ihr habt sogar erfahren, was dem Anschein nach unmöglich ist, dass dies alles auch in euch ist. Doch ihr habt lieber die scheinbare Unmöglichkeit akzeptiert als die Wirklichkeit dessen, was ihr seid. Wir erklären mit Leidenschaft: Wenn ihr es akzeptiert und nach eurem Wissen handelt, wird überall Harmonie sein, angefangen bei eurer eigenen kriegerischen Wesensart bis hin zum Ende eurer Vorstellungskraft. Ihr, jeder Einzelne von euch, würdet Freiheit erlangen, wie wir sie kennen. Ihr würdet im harmonischen Rhythmus mit anderen leben und denen eine helfende Hand reichen, die noch zu lernen haben, in euch selbst dabei aber nach tieferen Dimensionen des Einsseins streben. Ihr würdet mit Freude arbeiten in der Gegenwart des Geliebten. Welche Erfüllung habt ihr doch, welche Bestimmung ist euch beschieden! Doch ihr geht umher, mit Blindheit geschlagen, in Ketten, belastet, gebeugt, elend und erbärmlich. Welch ein Unsinn! Blickt auf irgendeine Blume und wisst, dass ihr das seid – und noch mehr. Blickt auf irgendeinen Menschen und wisst, dass ihr das seid – und mehr. Blickt auf Gott und seid das. Wir sind alle eins, und auch euch ist es bestimmt, auf allen Ebenen so zu sein. Wir werden euch weiterhin daran erinnern. Ihr aber, ihr könnt Freude in alle Welten bringen.

Myrrhenkerbel (Süßdolde)

Wir sind froh, jetzt mit mehr als einer Pflanze im Garten vertreten zu sein, und froh über jede Ausweitung des Kontakts zwischen unseren Welten.

Hier, von der Quelle aus, beleuchten wir unser Muster, die bestimmte Note, die unser Beitrag zum Ganzen ist. Er ist sehr still, friedlich und ungeheuer machtvoll, denn von hier aus ziehen wir die Fäden, welche schließlich zur Manifestation auf der Erde führen werden.

Wir nehmen dich herein in diese tiefe Stille, um mehr von unseren Bereichen mit dir zu teilen. Letztes Mal manifestierten wir Veränderung, dieses Mal eine lebendige, hingebungsvolle Stille. Ein Teil des Bewusstseins der Engelwelt wurzelt allezeit in dieser

Kraft. Auch du hast deine Wurzeln in dieser Stille, für die es keine Worte gibt. Doch du bist dir dessen im Allgemeinen nicht bewusst, obwohl du dich ein wenig mit ihr verbindest, wenn du ihren inneren Sinn empfindest oder einen Blick auf das Ganze erhaschst. Mystiker sprechen von einem inneren Zentrum der Stille. Dies ist auch für dich von Bedeutung, aber unser kleines, stilles Zentrum ist eine riesige, weite, große Stille – denn unser Bewusstsein ist nicht so individualisiert. Diese Stille muss für uns so groß und stark sein, dass nichts von außen im Stande ist, die Muster zu verändern, die wir tragen und bewahren. Wo eine große Sensitivität besteht – und eine solche herrscht hier, nahe der Quelle –, ist es wichtig, dass sie von großer Stärke gestützt und ausgeglichen wird, damit der Wille Gottes innerhalb dieser Stärke auf allen Ebenen geschieht. Es gibt nichts außer diesem Willen. Wir bewahren unser Muster daraus in der Stille.

Du erkennst den Unterschied zu den kleinen Menschenwillen, die so oft und wegen unbedeutender Details gegeneinander ausgespielt werden. Die Devas teilen jene tiefe Stille, und in eurem „höheren" Selbst tut ihr das auch. Wir sind nicht so anders. Alle sind Teil des Ganzen. Wir alle – das heißt wir und ihr – sind Lichtwesen. Wir alle kommen aus der noch tieferen, größeren Stille, die Gott ist, und kehren in sie zurück.

Dass ihr trotz dieses Wissens einen Unkrautvertilger verwenden könnt, ist unglaublich und tragisch. Seid nicht aufgebracht, dies zu hören. Wir möchten euch die Realität des Einsseins nahebringen, so dass ihr euer Handeln auf allen Ebenen daran orientiert.

Wir Devas gießen unseren Segen über die Menschheit. Wir können dies tun, weil wir gesegnet und der großen Stille nahe sind. Wir entfernen uns niemals von ihr und preisen Gott in aller Schöpfung.

Großes Immergrün

Wir möchten gerne den Kontakt aufnehmen, da wir die Liebe spüren, die uns entgegengebracht wird.

Blumen sind große Vereiniger. Überall auf der Welt, gleich welche Sprache gesprochen wird und welchen Namen wir tragen, kann das Gefühl der Menschen zu uns das Gleiche sein. Wir verbinden euch alle in der gleichen, positiven, transzendenten Wellenlänge miteinander. Wenn ihr euch dessen wirklich bewusst seid, sind die Verbindungen stärker. Dies mag euch im Augenblick noch als eher nebulöse Aussage erscheinen, aber während euer Bewusstsein der Wirklichkeit des Einsseins wächst, gelangt euch die Tatsache ständig zur Kenntnis. Es muss sein, und es ist so. Die Pflanzenwelt hat schon immer über die Tatsache des Einsseins geflüstert. Heute posaunen alle Naturreiche sie hinaus und werden gehört.

Von überall, wo wir sind, verkünden wir unsere Botschaft vom Einssein und alle Attribute des Einsseins. Schönheit verkünden wir in Farbe, Form und Duft, gegenseitige Verbundenheit und Vollkommenheit verkünden wir ebenso wie die Ehre Gottes. Bücher schreiben wir nicht; Bücher werden über uns geschrieben. Überfließendes Leben in all seinen Variationen verkünden wir sowie die Weisheit Gottes zu allen Zeiten. Inspiration geben wir jenen, die sich auf uns einstimmen. Wir erheben, wir steigern euer Bewusstsein ohne Worte. Obwohl in dieser Botschaft Worte gebraucht werden, ist doch der wortlose Austausch noch besser, den wir mit allen pflegen können, die für einen Moment innehalten und sich mit uns verbinden. Wir preisen die Aktivität in euch und in uns selbst. Die Kommunion des Geistes auf „höheren" Ebenen ist Teil des mitschöpferischen Lebens. Wir – und andere – sind immer hier, um unsere Reinheit mitzuteilen. In der Essenz sind wir Teil voneinander. Lasst uns dessen immer bewusst sein und Gott dafür danken.

Schneestolz

Wenn auch nur eine kleine Blume, füllen wir doch den Raum mit unserer Präsenz, weil wir mit unserem Blühen alles sind, was es in dieser Zeit des Jahres gibt, und uns ausgebreitet haben bis zum Horizont. Wir erkennen unser Einssein mit allem Leben, da wir aber mit dieser Aufgabe beschäftigt sind, die Kräfte, die uns gegeben sind, auf vollendete Weise zum Ausdruck zu bringen, ist nichts anderes von Belang. Bist du nicht ebenso – vollkommen versunken –, wenn du dir selbst am meisten treu bist? Bist du es nicht, sondern halbherzig in dem, was du tust, dann zersplitterst du deine Kräfte und erfüllst nicht, was möglich ist.

Jedes Mal, wenn du dich in die Deva-Welt einstimmst, berührst du einen Aspekt von uns. Im Allgemeinen handelt es sich um Aspekte oder Qualitäten, die für dich zu dieser Zeit eine gewisse Bedeutung haben, oder die wir zu unterstreichen wünschen. So bist du zum Beispiel den technischen Einzelheiten der Strukturen von Blatt, Wurzel oder Blüte nicht mehr begegnet, als du dir der technischen Einzelheiten der Funktionen deines eigenen Körpers bewusst bist. Diese sind Teil unseres Wesens, aber die Weisheit, auf was das Bewusstsein gerichtet ist, ist eine wunderbare Sache. Wir künden weiter von der Freude der Deva-Welt, teilen ihre Reinheit mit oder weisen dich zu der Quelle von allem, weil uns diese Dinge von dem allwissenden Einen gegeben sind, um sie zu vermitteln. Während wir weiterhin den ganzen Raum mit dem Muster eines blauen Blümchens ausfüllen, flüstern wir deinem empfänglichen Ohr Wahrheiten zu, die in unserer Welt gelten, Wahrheiten, welche dein Bewusstsein aufnehmen soll. Denn du kannst jetzt wählen, worauf du dein Bewusstsein richtest. Du musst nicht an einem unangenehmen Ort in deinem Bewusstsein verweilen, wenn du es nicht selbst so entscheidest. Du kannst das Gute und Vollkommene finden, wo du bist, und dich in Liebe mit allen Welten verbinden, selbst deiner eigenen!

Oh, wir lieben es, unsere Aufgabe zu erfüllen und auf vollendete Weise in Form zu bringen, was für deine Augen ungestaltet ist. Die dafür benötigte Energie wird präzise zugeführt, doch strahlt sie durch alle Dimensionen, weil Liebe überallhin geht. Deshalb sind wir eins, und doch sind wir alles. Das gleiche gilt für alles Leben. Jetzt ist die Zeit, da das Bewusstsein der Menschen dies erfährt, weiß und danach handelt. Die Botschaft kommt von allem Leben nah und fern, und sie wird weiterhin kommen, bis das menschliche Bewusstsein sie akzeptiert und danach gehandelt hat. Dann wird ein anderer Aspekt in den Vordergrund treten.

Erfreue dich im Vorübergehen an jeder einzelnen unserer Blumen. Jede Pflanze, alles Leben ist ein individualisierter Aspekt der großen EINHEIT. Schenke jeder von uns deine Wertschätzung. Wir sprechen auf unterschiedliche Weisen, doch wir alle geben die Ehre dem Einen.

Azalee

Frei und wild zeigen wir uns. Obwohl wir vom Menschen sehr kultiviert wurden, haben wir uns eine Eigenheit bewahrt, die unserer Natur entspricht. Scheinbar aus winterlich kahlem Holz, bringen wir wunderschöne Blüten hervor, wie um unter Beweis zu stellen, dass bei Gott alle erblühen – zu ihrer rechtmäßigen Zeit und Jahreszeit, je nach individuellem Muster.

Du hast das Empfinden, dass wir sehr an den Bedingungen in unserer Heimat hängen, obwohl du nicht weißt, wo das Land unserer Herkunft ist. Ja, das tun wir alle. Es sind bestimmte Bedingungen, die uns zur Vollendung brachten. Wir gedeihen wohl auch in anderen Umgebungen, aber nicht mit der Leichtigkeit, die wir in unserer Heimat erleben. Dies ist auch der Grund, warum Wildblumen eine Qualität und Eignung haben, die in einem kultivierten Garten nicht zu spüren ist, und warum die wilden Blumen in einem Land wie Kanada, das früher lange Zeit nicht von Menschen kultiviert wurde, in ihrer Einzigartigkeit ganz besondere Qualitäten entwickelt haben.

Du fragst, ob jener Mangel überwunden werden könne. Wir sehen nicht, wie dies möglich wäre. Solches liegt nicht in unserer Erfahrung. Andererseits ist die Lösung vielleicht noch nicht an uns ausprobiert worden. Es mag sein, wenn uns die Menschen, die uns sozusagen verpflanzt haben, genügend Liebe geben, dass uns dies unser Heimweh überwinden hilft und die unvollkommenen Umgebungsbedingungen ausgleicht. Vielleicht würdet ihr das hier ausprobieren – ihr alle –, und wir können euch später über das Ergebnis berichten.

Dieses Thema der heimatlichen Bedingungen spielt eine sehr wichtige Rolle in unseren Reichen, und es ist vergleichsweise jung. Du weißt wohl, dass ich, der Azaleen-Deva, überall zugleich bin; doch in voller Schönheit bin ich in meinem Heimatland, wo die Luft, die ich atme – wenn man das Wort gebrauchen will –, eine bestimmte Feinheit aufweist. Aber wir sind überaus willens und bereit, dem Plan zu folgen und zu lernen. Bereits dieser Kontakt mit dir ist eine Hilfe, weil du uns aufrichtig fragst und dazulernen willst. Das ist eine erfrischende Abwechslung!

Dieses Experiment verheißt Neues. Wir werden unseren Teil dazu beitragen.

Schneeglöckchen

Ich bin froh, dass du gekommen bist, um Kontakt mit mir aufzunehmen, denn obwohl meine Kräfte hier eher zart sind, bin ich froh, diesen Kontakt zu erneuern. Ich bin in eurem Land sehr beliebt; es ist gut, dies zu spüren und auch hier zu sein. Ein zärtlicher Gruß von Menschen bedeutet viel in unseren Welten.

Rhododendron

Lebhaft und melancholisch, Sonnenschein und Regen, und über allem eine große Liebe zum Sein, eine Zähigkeit und Ausschließlichkeit ... wir lassen uns nieder, wo immer wir können, und machen uns an die Aufgaben des Seins. Wir danken euch, dass ihr uns in den Garten bringt. Wir danken allen, die uns erlaubt haben, überall im Land Wurzeln zu fassen und zu leben, denn wir lassen uns gerne nieder.

Jede Spezies trägt zum Charakter des Landes bei und verändert ihn. Ähnlich wie eure menschliche Evolution sich davon entfernt, die separate Individualität oder spezialisierte Gruppen in den Mittelpunkt zu stellen, verändert sich auch die Pflanzenwelt. Die Spezialisierung der Flora geht allmählich zurück zugunsten von Verbreitungen über die ganze Erde.

Verbindet euch mit uns, wann und wo auch immer ihr uns seht; das ist gut für unsere Beziehung. Achtet auf uns und auf die Art, wie wir wachsen. Seht uns mit neuen Augen. Dies wird euch helfen, unsere einzigartigen Qualitäten aufzunehmen. Die Philosophie und das Pflanzenleben eines Landes sind mehr miteinander verwandt, als ihr vielleicht denkt. In dieser Zeit, da jene größere Welt-Einheit naht, wollen wir nicht die Essenz jedes einzigartigen Beitrags verlieren. Lasst uns Freunde sein.

Zierkirsche

In unseren Frühlingsfarben tanzen wir in den Garten – und warum sollten wir uns auch nicht in unsere schönste Pracht kleiden? Wir segnen jede unserer Pflanzen – und nicht nur diese, sondern auch andere – in dieser Zeit der Freude. Dies ist unsere Zeit der Expansion, und wir sind hier fest verbunden. An vielen Orten haben wir einen festen Platz und können es uns auf keine andere Weise vorstellen – jetzt im Frühling, wenn wir die Erde schmücken und in allen, die unser ansichtig werden, Entzücken hervorzaubern. Jetzt ist die Zeit, in der die Sonne scheint, um Leben zu bringen, und der Regen niedergeht, um es zu beschleunigen, und wenn die Vögel singen wie nie zuvor. Es ist eine Zeit allgemeinen Jubilierens. Das ist unsere Zeit. Wir sind in Jubelstimmung. Alle kooperieren mit uns, alle werden aus dem Gewöhnlichen emporgehoben in das, was das Gewöhnliche in unserer Welt ist – die höchste Freude des überreichen Lebens, das jetzt zum Ausdruck drängt.

Ja, mit „alle“ sind die Menschen gemeint. Die Atmosphäre der Menschen dominiert stark auf der Erde. Menschliche Gedanken und Emotionen sind sehr präsent und beeinflussen die verschiedenen Schichten des Lebens. Du kommst nicht oft in diese Schicht, von der ich spreche – was sehr schade ist, weil du es tun kannst. In Wirklichkeit ist dies hier mehr dein Zuhause als die schweren, tieferen Ebenen, die so viele von euch aufsuchen. In den Tiefen, in denen ihr lebt, verliert ihr den Boden unter den Füßen. Ihr solltet mit uns schöpferisch tätig sein und vom Funkeln des Lebens auch in eurem Tun Gebrauch machen. Eure Kräfte sind unseren gleich und größer – doch welch ein seltsames Durcheinander richtet ihr damit an! Was wäre dies für eine Welt, wenn ihr euch aufrichten würdet, wie wir es tun? Die ganze Schöpfung wäre eins in der Freude des Herrn! Wie würde diese alte/junge Welt darauf ansprechen und ihre Fesseln abschütteln! Wir sind in dieser Welt, ihr seid in dieser Welt. Lasst uns gemeinsam frohlocken und sie vervollkommnen. Lasst uns fröhlich und glücklich sein. Jetzt ist die Zeit dazu, gerade jetzt.

Denke an uns, hefte diese Botschaft nicht nur ab. Du hörst gerade eine wahre Stimme, und jeder einzelne Mensch hat in sich eine Stimme wie unsere, die erbaut und jubiliert. Lausche und handle. Und danke.

Lavendelheide

Wir möchten gerne sprechen und willkommen sein. Es ist eine Freude, in diesem Versuchsgarten zu wachsen, und wir lassen uns hier freudig nieder.

Wir möchten etwas über die Kräfte sprechen, die durch jede Pflanze wirken. Wir unterscheiden uns alle: Die Blätter sind verschieden, die Blüten sind unterschiedlich geformt und gefärbt, die Art und Weise, wie unser Wachstum sich vollzieht, ist unterschiedlich. Wir stehen ortsgebunden – anders als ihr beweglichen Menschen, die ihr ein recht starres Muster aufweist. Jeder von uns ist auf höchster Ebene geplant, um eine bestimmte Aura auszustrahlen, um einen bestimmten Einfluss auszuüben und um eine bestimmte Idee Gottes darzustellen. Im besten Falle sind wir ein vollendetes Beispiel einer Idee, und alle, die einen Augenblick innehalten und uns bewundern, erfahren Hilfe. Jede Lebensform, die eine Idee Gottes auf wundervolle Weise ausdrückt und ständig da ist, muss Menschen erbauen und anregen, die nach Vollendung streben und sie doch nicht erreichen. Halte dich nie bei den Begrenzungen einer Pflanze auf. In ihrer eigenen Sphäre ist sie die Schönheit selbst und strahlt vollkommen eine ungetrübte Einzigartigkeit hinaus, die heilend wirkt.

Halte inne, wenn du eine Pflanze in voller Blüte erblickst. Halte inne und vergiss zu denken; nimm einfach nur dieses Symbol der Herrlichkeit Gottes wahr. Eine Sekunde vielleicht kannst du selbstvergessen betrachten und dich der Reinheit Gottes staunend nähern. In diesem Zustand – wie eine Pflanze – widerstrebst du nicht dem Willen des Ganzen und kommst jenem ursprünglichen Zustand vielleicht einen Schritt näher. Ob Schritt oder Nicht-Schritt, du bist innerlich erhoben worden. Du bist tiefer gewahr und aufmerksamer gewesen, du hast teilgehabt an einem Geschenk des Lebens. Die Pflanze steht gelassen und strahlend in ihrer Schönheit, sie teilt sich allen mit, die sich öffnen, und überfließend verströmt sie sich selbst in ihre Umgebung. Und wenn ihre Blüte vergänglich ist? Das Leben geht weiter; eine unveränderliche Blüte könnte ihren Glanz verlieren oder für selbstverständlich genommen werden. Unsere Augenblicke der Pracht sind Teil der Vollkommenheit von Gottes Plan. Achte und schätze alle Dinge, und gib mit uns Gott alle Ehre.

Stechginster

Als Hüter der Dünen, Hüter von ausuferndem Abfall, stehen wir tief verwurzelt in der Erde; wir strahlen Duft und Farbe aus. Hier halten wir Wache, mit nadeligen Blättern bewehrt, um Außenseiter fernzuhalten. Manche Pflanzen haben eine höhere Aufgabe. Wir zählen zu den niedersten – doch reichen wir in unserer Herrlichkeit nicht an die erhabensten heran? Wir schmücken den wüsten Sand und verwandeln diese Ödnis. Wir erheben sie in die Höhen und überspannen dabei doch weiterhin alle Ebenen als eine von Gottes nützlichsten Schöpfungen. Normalerweise teilen wir uns durch unsere goldene Herrlichkeit mit. Heute zeigen wir dir eine andere Seite unseres Wesens und bewahren stets das Einssein, die innere Natur allen Lebens. Wir bewahren sie und verkünden sie aus jeder golden flammenden Blüte in alle Richtungen.

Die Sonne kommt heraus, und augenblicklich leuchten wir auf und heben den Kontakt. Jetzt fühlst du die Strahlen goldenen Lichtes, die Welle um Welle hinausgehen. Du fühlst, wie sie die Luft berühren und verwandeln, wie sie durch dein Denken und Herz ziehen und wie Tränen der Freude in deine Augen steigen. Fühle die Essenz unseres Stechginster-Wesens, welche Gott ist, Göttlichkeit. Diese Botschaft haben wir immer zu verbreiten, wenn du nur innehältst, uns lauschst und sie vernimmst. Es kommt selten vor, dass du innehältst und lauschst, obwohl du uns schon rufen gehört hast. Wir rufen über die Heide, geradewegs zu allen offenen Herzen. Die Macht unseres Rufes ist fast überwältigend. Wir sind froh, dass du ihn beantwortet hast, denn es ist Gott, der Höchste, der ruft. Errichte keine Trennungsmauern. Freue dich in Gott, erfreue dich besonders an uns in dieser Zeit des Jahres. Die Tatsache, dass wir dein Herz berühren, verbindet unsere Reiche sehr miteinander – und wir als Hüter und Verwandler sollten eins sein in unseren Zielen, denn es ist eine Welt, die es zu retten gilt.

Wir werden abgerissen und zu Staub zerrieben, wenn ihr uns mit Maschinen aus dem Wege räumt. Dies berührt uns nicht, doch es ist uns nicht recht. Wir sind ebenso Teil des göttlichen Lebens wie ihr; während wir an unseren öden Abfallplätzen abgesondert bleiben müssen. Wenn wir euch begegnen, sollte doch Gemeinsames sein und ein Miteinander-Teilen der Absicht. Kein Teil der Schöpfung sollte für selbstverständlich gehalten werden.

Du fragst dich gerade, ob du nur deine eigenen Gedanken niederschreibst und ob wir wirklich auf diese Art sprechen würden. Warum sollten wir es nicht? Nicht alles ist süß und licht in dieser Welt, und es gibt viel, was die Menschen vom Pflanzenreich lernen können, besonders von den intelligenten Wesen, die für dieses Naturreich verantwortlich sind. Weise unsere Stimme nicht ab. Erwarte nicht, dass sie immer gleich ist oder stets dasselbe sagt.

Fühle den Landschaftsengel hinter mir und höhere und noch höhere Scharen – bis zum Höchsten hinauf. Sie haben mit dieser Welt viel zu tun, durchaus so viel wie die Menschen. Doch wenn ihr die Früchte ihres Wirkens nutzt – wie oft geschieht es, dass ihr einen von uns anerkennt, um Rat fragt oder ihm dankt? Dies wird immer dringender, da die Erde mehr und mehr geplündert wird – ausgeplündert.

Du kennst die Freude und das Entzücken unseres Reiches. Wir teilen sie freudig mit dir und mit jedem. Aber die Menschen müssen erkennen, dass auch wir Teil des Einen Lebens sind und ihr von uns nicht weiter nur nehmen könnt, ohne jemals zu geben – oder nur zu geben, was euren eigenen selbstsüchtigen Zwecken dient. Ihr müsst in größeren Begriffen denken. Ihr müsst an die Erde als Ganzes denken und sie nicht ausbeuten und ihr nur so wenig zurückgeben. Ihr solltet Helfer sein für das Mineral-, das Pflanzen- und das Tierreich, nicht ihre Ausbeuter. Wir wissen, dass du es weißt. Gleichwohl möchten wir dies wiederholen, weil es sehr wichtig ist – und wer weiß, wer da zuhören wird? Du hast Ohren, die hören, und dies ist es, was wir zu sagen haben. Deshalb sagen wir es und hoffen, dass du es weitergeben wirst an jene, die nicht direkt zuhören werden.

Unsere Bereiche haben viel von unserem Bewusstsein weiterzugeben. Du betrachtest das Wunder und die Schönheit unserer Blüten, und du staunst, dass bescheidene Pflanzen auf diese Weise kommunizieren können. Dabei vergisst du, dass wir Teil des Einen Lebens sind. Wir tragen unseren Teil dazu bei, den Himmel auf die Erde zu bringen, und wir wünschen, dass ihr das ebenfalls tut. Es gibt viel zu tun. Verbindet euch mit uns in dem einen Ganzen allen Lebens.

Primel

Du hast uns geholfen, uns auszubreiten, und wir sind dafür dankbar. An so vielen Orten wie möglich möchten wir den Frühling begrüßen – ob wir bewundert werden oder nicht. Wir sind so froh, dass wir das können.

Falscher Jasmin

Wir sind hier, bevor ihr an uns denkt. Wir sind immer bei unseren Pflanzen. Wir sind mit jedem kleinen Schützling verbunden, weil wir es lieben, ihn wachsen zu sehen, und das höchste Entzücken darin erleben, Teil seiner Entwicklung zu sein, die aus dem Nichts zu einem vollendeten Beispiel des Musters führt, für das wir stehen. Nicht eine kleine Pore ist außerhalb der Reihe. Aus den Elementen schnitzen und fügen wir alles zusammen und formen erneut ein lebendiges Beispiel nach einem Plan des unendlichen Baumeisters.

Wieviel Spaß das macht! Jedes kleine Atom an seinem Platz zu halten, ist eine Freude. Wir sehen euch Menschen zu, wie ihr missmutig an eure Entwürfe herangeht und Dinge ohne Begeisterung tut, nur weil sie getan werden müssen, und wir wundern uns, dass euer funkelndes Leben so herabgestuft und entstellt sein kann. Das Leben ist überreiche Freude. Jeder kleine Biss einer Raupe in ein Blatt wird mit mehr Begeisterung getan, als wir manchmal bei euch Menschen beobachten – und eine Raupe hat nicht viel Bewusstsein. Wir würden diese Trägheit aus den Menschen am liebsten herausschütteln, damit ihr das Leben als immer heller, lichter, fließender, kreativer, blühender, wachsender und unvergänglicher erfahrt.

Während ich mit dir spreche, fördere ich friedlich das Wachstum in der Pflanze. Überall auf der Welt halte ich, wo immer ich wachse, die wundervollen Entwürfe für jede Pflanze zur Verwirklichung bereit. Während ich das Leben an zahllosen Orten aufrechterhalte, bleibe ich doch frei, wahrhaftig und völlig frei, weil ich das Leben des Einen bin. Wie froh bin ich, am Leben zu sein! Ich strebe zum höchsten Himmel empor, ich werde Teil des Herzens von allen. Ich bin hier, da und überall. Ohne Abweichung bewahre ich dabei mein Muster der Vollkommenheit. Ich schäume über von Leben. Ich bin Leben. Ich bin Eins – und ich bin viele.

Ich bin ganz einfach in dein Bewusstsein gesprungen. Ich verneige mich nun und bin froh, bei dir gewesen zu sein. Ich bin froh, dass du aufmerksam aufgenommen hast, was ich gesagt habe, und noch froher, in unsere Welt des Lichtes zurückzukehren. Denke wohl an uns, denke licht an uns.

Apfelblüte

Wir haben auf diesen inneren Kontakt mit dir gehofft. Warum? Nicht bloß aus Höflichkeit, sondern weil es ein Bedürfnis ist für die kultivierten – oder sollen wir sagen kommerziell genutzten – Pflanzen, mit den Menschen auf höheren als der gewöhnlichen Ebene Kontakt zu pflegen. Unsere Funktion ist die Produktion, und es gibt nichts, das wir lieber tun, als Blüten oder Früchte hervorzubringen. Der Geist aber, mit dem uns die Menschen umgeben, hat oft nichts mit Wahrheit zu tun, und kein Dank geht an den großen Erzeuger von allem. Selbst die hohen Engel verströmen ihren Atem im Lobe Gottes und schaffen damit Raum für das Einströmen des Lebensodems. Darüber hinaus ist diese Welt auf den physischen Ebenen durcheinander und erfüllt von unberechenbarem Geschehen. Da die physischen Ebenen am wenigsten dauerhaft sind, ist es gut, Beziehungen auf dauerhafteren Ebenen aufzubauen.

Wir möchten dich gerne in unser Reich der Wahrheit und Freiheit mitnehmen, von dessen Schönheit du einen Blick erhaschen kannst, wenn du unsere fein getönten Blüten betrachtest. Doch du sollst wissen, dass wir in Sorge sind über den Charakter im Äußeren und Physischen. Dies war allerdings nicht schon immer unsere Sorge, denn wir sind einfach zurechtgekommen mit den Bereichen, die uns bestimmt sind. Aber es gibt da Veränderungen, die Auswirkungen auf unser Bewusstsein haben, jüngste Veränderungen in der Welt, welche keine „guten" für das Deva-Leben gewesen sind. Du sagst, dies mag in der Anhebung der Schwingungen der Welt begründet sein, und deshalb sei es gut. Vielleicht ist es das, aber wir spüren, dass auf der physischen Ebene etwas zerbrechen muss.

Du verstehst nicht, warum jene liebliche, lichte, erhebende Kraft, die dir mit jedem von uns entgegenkommt, in diesem Kontakt nicht spürbar ist. Sie ist da, im Samen angelegt. Sie ist da, und wir sind mit ihr verbunden, aber sie wird in unserer Spezies von einer schweren Dunstglocke verdeckt. Du sagst, dass alles gut sei und Gott die Führung habe. Das können wir akzeptieren; denn das ist, woran es dem menschlichen Denken fehlte. Wir finden darin unsere Freiheit, und wir teilen sie mit dir. Wir sind schön, frei und wahr, und wir möchten so bleiben und in Gottes Welt Blüten und Früchte tragen. Danke.

Blaukissen

Mit Freude fasst unser Beitrag zur Pflanzenwelt Fuß in eurem Garten! Ihr könnt fühlen, was ihr als unsere Fröhlichkeit wahrnehmt – wie wir stets, was auch immer geschieht, auf unsere bescheidene Weise ein strahlendes Gesicht zeigen.

Es liegt ein Schatz an Wohlwollen für die Menschen in manchen von uns; einige sind sogar recht zahm! Du wirst dies eher in solchen wie mir finden, in Blumen. Bei den Gemüsen, die ja von den Menschen noch mehr kultiviert worden sind als wir, hast du dies nicht festgestellt, denn Gemüse werden angebaut, um euch zu nähren. Nur selten schenkt man ihnen Anerkennung oder Bewunderung. Wir aber sind rein dekorativ und erhalten nichts anderes als Wertschätzung; wir haben keine Früchte für euren Verzehr zu bieten. So können wir frohgemut „zahm" sein, während viele Gemüse unglücklich gezähmt sind. Doch in vielerlei Hinsicht sind sie für euch wichtiger. Warum schätzt ihr sie nicht so hoch wie uns? Wir sind zwar farbenfroher, aber jene besitzen eine eigene Schönheit, welche ebenso wie unsere lebhafte Färbung Wertschätzung „verdient".

Es ist einfach, den göttlichen Funken in uns zu sehen. Wir verstecken ihn nicht, wie ihr es tut. Trotzdem müsst ihr Menschen, die ihr so häufig nicht seht, danach Ausschau halten, weil euer Denken mit euren Problemen beschäftigt ist. Wir bieten euch Leichtigkeit. Einfach blühen wir, ohne Komplikation. Einfach produzieren wir eure Nahrung, ohne Komplikation – wenn auch zuweilen durch eure Schwierigkeiten beeinträchtigt. Was wir euch jetzt vorschlagen, ist eine bessere Art zu leben – zu leben in Übereinstimmung mit eurem inneren Empfinden. Warum lebt ihr nicht auf diese Weise?

Doch wir wollen uns nicht den Vorwurf einhandeln, euch zu predigen. Ihr lasst uns leben, und wir sind dankbar und möchten dies zum Ausdruck bringen. Wir äußern es auf so vielfältige Weise.

Lass uns stets verbunden sein im Danken für die Wunder dieser wunderbaren Welt.

Berg-Waldrebe (1967)

Ich bin hier, fein gefärbt und mit der Verheißung weiterer Schattierungen. Ich komme zu dir in dein Bewusstsein, das du mir geöffnet hast, und in dieses Bewusstsein bringe ich mich selbst. Du triffst mich nicht an in großer Schar. Ich finde Halt, und zu meinem Halt füge ich mich. Ich habe die Freiheit der Äther, und ich verlasse diese Freiheit, um für das Leben, das mir anvertraut ist, einen Ruheplatz zu suchen. Darin habe ich keine freie Wahl, sondern gehe dahin, wo die Natur und die Menschen es mir erlauben. Ich stelle meine Maßstäbe auf, die Natur schickt ihre Elfen, und gemeinsam bauen, wachsen, biegen und blühen wir hier und da – alles zugleich. Alles ist innerhalb meines Bewusstseins. Alles wird gebraucht, um das Leben zu fördern, sich zu bewegen und die fügsame, flexible Schönheit der inneren Bereiche weiter zu manifestieren in dem, was ihr grobstofflich nennt.

Meinst du, es gelingt uns? Könnt ihr in uns nicht die zur Vollkommenheit gebrachte Materie sehen? Ihr betrachtet die Menschen und seht Unzulänglichkeiten. Ihr blickt auf uns und seht Reinheit mit kleinen Makeln, die von außen gekommen sind wie Staub, der auf unsere Blätter geweht wurde und nun ihre Oberfläche bedeckt. Ihr Menschen habt die Macht, Gutes und Böses zu schaffen. Wir stehen sozusagen darüber, unsere kleinen Pflanzen bleiben darunter, und zusammen bleiben wir für immer rein. Ihr und andere Faktoren können uns entstellen, doch wir verbleiben in unserem Wissen und Unwissen, zur Vollkommenheit bestimmt.

Natürlich seid ihr ähnlich geplant, aber da euer Wissen auf Unvollkommenes ausgerichtet ist, manifestiert ihr dieses. Wir benutzen unsere Energien nicht in diese Richtung. Ich, der Deva, bin im Bewusstsein nicht begrenzt, auch wenn die Energien begrenzt sein mögen, die mir zur Verfügung stehen. Wie du, so wachse auch ich in ein weiteres Bewusstsein, in höhere Energien und eine größere Einheit.

Richtet euren Blick auf uns und erkennt die eine Macht, die durch uns fließt. Sind wir nicht Verwandte, verwandt in unserem Ursprung und unserem Ziel? Wir segnen dich, wie du uns gesegnet hast.

Berg-Waldrebe (1970)

Es spielt keine Rolle, durch welchen Teil der Schöpfung du mit unserem Reich Kontakt aufnimmst, ob durch eine Blume in voller Pracht – wie ich es jetzt bin, da ich mit einer geschlossenen Wand von sanfter Farbe und Duft Aufmerksamkeit anziehe – oder über eine kleine Kleeblüte, einen Windhauch, einen Regentropfen oder die Sonne selbst. Alle tragen den Odem Gottes in sich. Alle sind so voller Perfektion, dass sie dir den Atem rauben können! Selbst die Luft, die du atmest – ist sie nicht von Gott erfüllt? Ist sie nicht Lebenskraft für dich? Alle Schöpfung teilt sie sich; jedes Geschöpf trägt etwas dazu bei. Du kannst das Leben nicht in Teile zergliedern, alles entspringt dem göttlichen Lebensquell. Wenn du zu einem von uns kommst, die wir kausale Faktoren in der Manifestation sind, gelangst du zwangsläufig näher zu Gott und näher zum Einssein des Lebens.

Es fällt euch wohl leichter, in der makellosen Schönheit einer Blume Gutes zu sehen, denn ihr Menschen trennt Dinge in „Gut“ und „Böse“; aber wo auch immer ihr tiefer eintaucht, werdet ihr feststellen, dass Gott dort wohnt. Selbst euer Schmerz und eure Probleme – ja, gerade euer Schmerz und eure Probleme – führen euch zu Gott. Unsere Schönheit ruft von ferne; deine Schwierigkeiten stoßen und drängen dich deinen Weg entlang. Reichtum und Fülle des Lebens sind überall um dich herum, und du kannst wählen, was du daraus machst.

O ja, wir bereichern und beschenken dich, ob du über den Anblick und den Duft einer Pflanze aufmerksam wirst oder durch das Bewusstsein in ihr. Alles Leben bereichert. Die Mannigfaltigkeit des Lebens führt zur Erkenntnis der Einfachheit des Lebens, zu dem Einssein, das alles ist. Versenke dich tief in das, was sich dir darbietet, und du wirst alles finden – Gott. Das schlichte Wunder der Schöpfung ist überall, es ist heiliger Grund für den Erwachten. Gerade die Natur präsentiert aufgrund ihrer Harmonie und mangels eines Egos ein ganzheitliches Bild. Denke nur daran, wie sie durch ihre Verbundenheit mit dem Göttlichen geplagte Nerven beruhigt! Es mag wohl Naturkatastrophen geben, aber auch sie sind Stufen zu größerem Gleichgewicht. Alles ist Teil des Ganzen, was du verstehen würdest, wenn du das ganze Bild sehen könntest.

Wir sind heute sehr ernst gewesen. Erbaue dich an der äußeren Erscheinung der Clematis; sei entzückt über die Freude, die sie in dir weckt, und gehe deinen Weg bereichert und näher zu Gott.

Kriechende Gemswurz

Wir möchten zu dir kommen, eine kleine gelbe Blume mit einem großen, strahlenden Gesicht. Wir springen jetzt zu dir hinaus, wie wir es tun, wenn du an uns vorübergehst. Dies nicht nur, weil wir gelb sind – die Farbe, die als besonders „nah“ empfunden wird –, sondern aufgrund der Art und Weise, wie konzentriert sie hier auftritt. Zarte kleine Blüten flüstern; unser Ruf erschallt kräftig.

Was rufen wir hinaus? Lausche nur, wir werden es dir sagen. Wir sprechen von der konzentrierten, warmen Liebe Gottes, und wir sprechen in klaren Worten darüber. Wir sprechen von der unabhängigen Schönheit von Blumen, und wir sprechen mit jedem Blütenblatt darüber. Wir sprechen von Freude, und ihrer Nüchternheit, wenn sie in der gewöhnlichen Welt Ausdruck findet. Wir sagen nichts Neues, aber wir wiederholen es immer weiter. Es gibt nichts Neues, aber von allen Seiten in aller Schöpfung wird die gleiche Art von Botschaft verkündet.

Erzählen die Menschen die gleiche Geschichte? Nun, ihr solltet und ihr könntet es tun. Ihr besitzt mehr Anmut und mehr Gaben, und das Licht selbst kann durch eure Augen hervorscheinen – aber tut es das? Ein kleines Kind kann solche Worte gebrauchen. Wenn nur alle Menschen bei all ihrem Tun von der Herrlichkeit Gottes künden würden!

Ich weiß, wir kommen immer wieder auf das gleiche Thema zurück, auf Lob und Preis. Wie könnte es auch anders sein? Wir können euch nicht sagen, wie ihr zu handeln habt; würden wir es tun, folgte zu Recht die Erwiderung, dass wir nichts davon verstehen. Aber wir versuchen, euch die Notwendigkeit zu vermitteln, das zu sein, was ihr seid, und aus jeder Pore zu verströmen, was von unserem gemeinsamen Ursprung in der unglaublichen Güte Gottes zeugt. Nichts anderes könnte die Millionen von Kräften in Ordnung und Gleichgewicht halten, die notwendig sind, um auch nur eine so kleine Blume hervorzubringen, wie wir es sind, damit wir unsere Farbe in solcher Reinheit hinausstrahlen. Verweile einen Augenblick mit uns in der Andacht. Erkenne, dass wir tatsächlich sprechen, und gehe deinen Weg voll Freude.

Reticulata-Iris

Wir grüßen die warmen Tage mit Entzücken, froh, Vorboten des Frühlings zu sein und die farblose Erde zu schmücken. Doch wir sind uns dessen, was wir tun, nicht bewusst, und es bedarf des Menschen, um uns solche Gedanken zu leihen. Wir entfalten einfach die Natur, die uns gegeben ist, ohne uns der Wirkung bewusst zu werden. Wir sind – und was wir sind, ist ein Teil der Erde, ein Teil der Wärme, des Wassers und der Luft um uns, und vor allem des göttlichen Planers, der uns daraus erschaffen hat, der die

Intelligenz hinter diesen Elementen erschaffen hat, die diese zu unserer Manifestation kombinieren.

Obwohl ihr die schlichte Reinheit einer Frühlingsblume seht, steht hinter dieser äußeren Schönheit eine unfassbar intelligente Führung durch die „Herren der Elemente“. Wir wissen und schätzen dies, aber es ist nicht unsere Aufgabe im Leben, Bücher darüber zu schreiben, sondern wir können einfach wir selbst sein, ohne tieferes Wissen. Doch wir können nicht wir selbst sein, ohne Teil von allem zu sein, denn wir sind nicht separat.

Ihr Menschen habt die Fähigkeiten zu wissen und euer Wissen im Leben umzusetzen – und das überlassen wir euch. Da wir selbst einfach sind, können wir nichts anderes, als euch eine überwältigende Liebe und eine vollendete Gestalt zu vermitteln – denn wie sonst könnten unsere zarte Farbe und Reinheit ruhig ausstrahlen? Selbst ohne Emotion, sprechen wir von der Beherrschung aller Emotionen; selbst ohne Mühe, sprechen wir von allem zu Erringenden, denn wir sind auch Teil des Einen und versuchen, nichts anderes zu sein. Der Mensch scheint ein Mahlstrom des Ringens und Kämpfens zu sein. Wir sind friedlich an unseren Plätzen, und mit dem Sein zufrieden, lassen wir jeden Augenblick sich entfalten, ohne der Entfaltung zu widerstehen.

Gleichwohl entbieten wir euch, die ihr die Hauptbeweger und Veränderer auf dem Antlitz der Erde seid, unseren Gruß, zusammen mit einer Bitte, uns und unsere Art sein zu lassen, wie wir sein sollten – für immer wir selbst in der Allgegenwart Gottes.

Gemeine Grasnelke

Wir kommen heute allerorten zum Vorschein, bringen das wüste Land zum Blühen und nehmen ihm mit unserem Rosa seine Härte. Überall, wo es nur Sand gibt, da sind wir. Wo die Gezeiten zweimal täglich kommen, da stehen wir. Von nur geringer Größe, aber aufrecht und kräftig, heben wir uns kaum ab von der Farbe des Sandes oder glänzen in der Märzluft.

Wir haben Ausdauer, den Geist des Abenteurers und des Pioniers. Wir machen das Beste aus allem und verwandeln es in Vollkommenheit. Aus dem Nichts, wo nichts anderes lebt, kommen unsere Blüten hervor. Sie erobern die Ödnis.

Gleichwohl harmonieren wir leicht mit manchen Menschen. Wie verständnisvolle Kameraden, die keine Geheimnisse voreinander haben, scheinen wir Arm in Arm mit ihnen voranzuschreiten. Sie muten seltsam an, solche Verbindungen zwischen Pflanzen und Menschen! Doch sie sind nicht so seltsam, denn Menschen deines Schlages haben die gleichen Qualitäten, die das Leben auch in anderen Naturreichen aufweist. Manche von euch empfinden leichter eine Art Verwandtschaft mit Pflanzen oder Tieren als mit anderen

Menschen, weil wir jene Aspekte ohne Rückhalt und Grenzen zum Ausdruck bringen. Nichts von uns selbst steht dem im Wege. Mit eurem kritischen Denken neigt ihr dazu, einen Alleinanspruch auf Ausdauer oder einen Abenteurer-Geist zu erheben, ohne darauf zu achten, ob andere vielleicht gleichermaßen begabt sind. Ihr bezieht eure Gaben auf euch selbst; wir verkünden offen, was wir sind, angefangen bei jeder kleinen Pflanze. Ihr findet etwas Verwandtes in unserer Offenheit, die ihr bei keinem anderen selbstbewussten Wesen feststellen dürftet. Wir sind froh, dass ihr das könnt, und falls wir durch unser Sein dabei helfen können, aus den Menschen das zum Vorschein zu bringen, was uns gemeinsam ist, wird die Welt zu einem glücklicheren Ort.

Überall um euch, besonders in der Wildnis, könnt ihr die Harmonie finden, die auch in eurem Inneren ist, wenn ihr nur in der Tiefe forscht. Vielleicht können wir, die sie leben, euch dabei helfen, denn wir teilen mit allen, wissend, dass wir alle Teile des Einen sind.

Primel, Polyantha-Gruppe

Wir leihen diesem Garten für einige Zeit unsere leuchtend bunten Farben und möchten nun gerne einige Gedanken hinzufügen.

Ihr staunt über die Vielfalt unserer Farben. Könnt ihr nicht spüren, dass es unsere Liebe ist, unser Leben, das sich in unterschiedliche Richtungen und nicht nur in eine allein verströmt? Wir sind vielseitig. Wir mögen die wechselnden Farbkombinationen und konzentrieren uns darauf, unseren Bereich mit unseren kleinen Licht-Kreisen zu bereichern. Fühlt die Vitalität und die glühende Wärme der Blüten. Denkt an die Kraft dieser kleinen Pflanzen und ihre unsichtbaren Strahlungen, die sie wie geschäftige kleine Leuchttürme über den ganzen Garten verbreiten.

In diesem Strahlen sind Freude und ein Licht, die jeden von euch erbauen können, der vielleicht niedergeschlagen ist. Jede Ausdrucksform des Lebens, selbst die einer kleinen Blume, ist ein Gipfel des Sich-Verschenkens auf verschiedenen Ebenen, von den Höhen der Hierarchie bis hinab zum geringsten Klümpchen Materie. Freude und Begeisterung wurden dazugegeben, um solche Vollkommenheit zu erschaffen. Obwohl die Pflanze nach ihrer Blüte verwelken mag, ist ein nicht greifbares Etwas hinzugekommen, welches das Ganze für immer bereichert hat, denn nichts geht verloren. Gottes Leben hat sich selbst Ausdruck verliehen, und wie der Boden durch die Zugabe stofflicher Substanzen bereichert wurde, so wurden auch die anderen Ebenen bereichert. Das Leben hat gesprochen, das Leben nimmt zu. Im Laufe der Zeitalter wird es sogar noch voller und runder, verändert sich und passt sich besser an, wird heller und lichter, bis es selbst zu Licht wird, zu Leben, zu Gott – und ein weiteres großes Zeitalter ist vorüber. Wir haben unsere Rolle erfüllt, ihr habt eure Rolle erfüllt. Die Unfassbarkeiten des Lebens sind alles geworden.

Inzwischen werden wir weiterhin unsere Farben und Freude ausstrahlen und damit zur Erbauung beitragen. Deine Wertschätzung trägt beträchtlich zu dem Ganzen bei, deshalb lasst uns weiterhin Freude aneinander haben.

Echtes Lungenkraut

Während du dich auf uns einstimmst, fällt dir der Kontrast zwischen einer kleinen, eher raustieligen Pflanze und einem erhabenen Wesen auf. Lasse das Denken in Begriffen von Raum und Größe hinter dir und erkenne, dass Vollkommenheit außerhalb solcher Maßstäbe liegt. Alles in Gottes Schöpfung erfüllt auf vollkommene Weise die Aufgabe, für welche es erschaffen wurde; die äußere Erscheinung ist für die jeweilige Phase seiner Aufgabe vollkommen. Selbst die verwelkende Blume dient auf vollendete Weise ihrer Aufgabe zur jeweiligen Zeit. Jedes Fleckchen auf einem Blatt hat seine Funktion

– wie auch jeder Punkt im Gesicht eines Menschen. Da aber die Pflanze keinen freien Willen besitzt, entspricht es ihrem Plan, Flecken zu haben! Sie sind Teil ihres Aufbaus und in ihrer Aura festgelegt und finden ihren besten Ausdruck in einem gesprenkelten Blatt. Auf keine andere Weise könnte ihr Ausdruck besser oder auch nur ebenso vollendet sein; ein Rhythmus, eine Art das auszudrücken, was für dich Zeit ist.

Alle diese winzigen Unterschiede bei Pflanzen spiegeln ihre Individualität in der Funktion wider, und wer der Aura einer Pflanze nahe genug zu gelangen vermag, kann eine Kategorie dafür erkennen. Früher war dies einfach für die Menschen, bevor eure Entscheidungen euch vom Ganzen des Lebens abgeschnitten haben. Wir Devas umfassen in unserer Wahrnehmung Jahrmillionen, was aber zählt, ist, dass wir unsere derzeitige Aufgabe erfüllen. Da der Zyklus des Lebens im Bewusstsein der Menschen ins Einssein mündet, können wir dir erneut nahebringen, welche Rolle im Ganzen jede Pflanze hat. Die Betonung wird dabei immer auf dem Einssein liegen, denn auf unserer Ebene existiert Einssein vorher und nachher und ist der Grund für Individualität.

Nun lies nach über das Lungenkraut. ... Du warst fasziniert, „die seltsamen blassen Flecken auf dem Blatt" zu sehen, „von denen die Alten meinten, dass sie dem Aussehen von Lungen ähnelten.[3] Ausgehend von dieser Vorstellung und unter dem Einfluss der Signaturenlehre im 17. Jahrhundert galt die Verwendung dieser Pflanze zur Behandlung von Beschwerden der Lunge und Atemwege als göttliche Indikation." Alles Leben hat eine Sprache und spricht zu denen, die da lauschen.

3 Die Blätter des Echten Lungenkrauts sind hell gefleckt. Die Blütenfarben zwischen rot und blauviolett und ihre Assoziation mit frischem bzw. verbrauchtem Blut trugen zu der Namensgebung bei. (Anm.d.Ü.)

Stiefmütterchen

Wir sind froh, willkommen zu sein. Wir sind ganz entschlossen in den Garten gesprungen! Auf jeden Fall kommen wir gut mit den Menschen aus, werden gut behandelt, gepflegt und wertgeschätzt. Schon dass wir gepflückt werden, ist gut für uns, weil wir von Natur aus Gebende sind, die sich gerne verschenken. Wir lieben den Regen, die Sonne, die Erde und die Luft. Vielleicht vermittelt dir das Wort Liebe eine falsche Bedeutung, da wir ja Teil des Regens und der Sonne und der Erde und der Luft sind. Das sind wir alle. In unserer Gesamtheit sind wir alle Manifestationen dieser Elemente.

Du fragst dich, wieso eine kleine Repräsentantin der Stiefmütterchen von solchen Dingen sprechen sollte? Weil ihr Menschen von dem Wirklichen so abgeschnitten seid. Euer Bewusstsein geht in alle Richtungen hinaus, aber nur selten zurück zur Quelle. Es besinnt sich und konzentriert sich auf eine Weise, die uns nie möglich wäre; andererseits kann es sich in seinem Denken und Erschaffen von seiner Quelle entfernen und verlieren. Wir hingegen frohlocken, dass das Leben ein nicht endender Strom von Licht hier und jetzt ist. Wir sind froh, dass es so ist. Es ist ganz gut, dass manches Leben auf diesem Planeten damit klarkommt!

Du fragst, ob ich, da ich zu den Menschen freundlich bin, nicht anderen meinesgleichen zur Freundlichkeit verhelfen könne. Nicht wirklich. Sie haben ihr eigenes Wissen, und ihr sagt selbst: Probieren geht über Studieren. Wir handeln mit Fakten, nicht mit Versprechungen. Meine Art hat keinen Streit mit euch hier – ganz im Gegenteil –, aber es gibt auch noch andere. Wenn ihr den Anfang einer neuen Art zu leben repräsentiert und diesen Weg anführt, dann ist es schön und gut. Wir befassen uns mit der Gegenwart und sind hier ganz zufrieden. Aber hier ist nicht überall, noch nicht.

Fröhliche Grüße an euch alle. Wenn du mir ins Gesicht blickst, so erinnere dich, dass wir beide Teil von einem Leben sind.

Hundsveilchen

Du findest in uns eine Macht und Autorität so groß wie die der hohen Bäume, obwohl wir die kleinsten Blumen sind, die du kontaktiert hast. Das liegt daran, dass wir wild sind, fest entschlossen, frei umherzustreifen, unabhängig von den Launen des Menschen. Natürlich sind die Deva-Muster am klarsten ausgeprägt, wo Pflanzen auf natürliche Weise Wurzeln schlagen können.

Nun folge mir durch die äußere Stärke zu unserer besonderen Qualität. Vor deinem inneren Auge siehst du unsere lebhaften Farbflecken zwischen den Gräsern; sie werden sichtbar, wo die Kaninchen das Gras abgefressen haben. Verstehe abermals, wie sehr alles Leben verbunden und voneinander abhängig ist. Das Einssein ist Tatsache, nicht Theorie; und alles Leben zeigt dies jenen, die Augen haben, um zu sehen.

Erkenne auch den Wert des Kontrastes. Ringsherum sind wahre Meere von Stechginster, Millionen von Blüten, während wir hier und da verstreut sind, erkennbar nur für das scharfe Auge. Der Stechginster entzückt mit seiner Fülle, wir entzücken mit unserer zurückgezogenen Seltenheit. Du kannst uns nicht vergleichen. Jeder Aspekt der Natur ist anders und einzigartig. Aber ihr Menschen verbringt euer Leben damit, das, was ihr nicht habt, mit dem zu vergleichen, was andere haben – seien es nun Kleider, Gärten, Geld, Ansichten, Leiden, Zeit, Arbeit oder Chancen. Alles, was ihr nötig habt, ist, zu sein, was ihr seid, nämlich die unvermischte, reine Idee von euch selbst. Dann werdet ihr die rechten Bedingungen für euch schaffen und eure Stimme wird ebenso stark sein, ebenso richtig, wie jede andere Stimme.

Du kannst nicht aufhören, dich über die Kraft meiner Stimme zu wundern. Ich habe meine Nische gefunden und bin da, wo Gott mich haben möchte; deshalb bin ich ebenso mächtig wie jeder andere im Land. ICH BIN Kraft – ich, das Synonym für Schüchternheit!

Nichts auf dieser Welt oder in der nächsten kann jene erschüttern, die ihrem Lebensplan folgen und rückhaltlos Gottes Willen tun. Finde deinen Plan und folge ihm, und deine Stimme wird Macht haben.

Anscheinend musste ich mit Macht beginnen und nun damit enden – über Gottes Macht zu sprechen, nicht über meine eigene. Aber ich weiß, dass du mich wegen anderer Qualitäten liebst, und nun verlasse ich dich in Liebe.

Goldlack

Wir haben unsere lebhaften Farben schon lange in diese Gegend eingebracht. Wir gedeihen hier, aber du wirst bemerken, dass wir in diesem Garten noch besser gedeihen.

Wann gedeihen Pflanzen? Deine Antwort lautet: Wenn ihre materiellen Bedürfnisse erfüllt werden durch die richtige Art von Erde, Wasser, Wärme und Luft, und wenn sie Liebe erhalten, die darauf achtet, dass die materiellen Bedürfnisse erfüllt werden. Doch du kannst sehen, dass dies nicht zutrifft bei Menschen, die bei materiellem Reichtum dazu neigen, weniger zu sein, als sie sind. Misst du unsere Gesundheit nicht an der einer kultivierten Gartenpflanze, welche manchmal mit künstlichen Mitteln angeregt wird? Es steht außer Zweifel, dass wir auf gute Bedingungen oft ansprechen und größer werden – aber werden wir besser?

Du kannst dich nicht in mich hineinversetzen. Höre auf, es zu versuchen, und akzeptiere, dass nicht alles zueinander passt. Dies schmälert weder uns noch dich, wir sind einfach verschieden. Du wirst in deinem Leben auch in Zukunft anderen begegnen, in die du dich nicht einfühlen kannst; du kannst dies respektieren und deiner Wege gehen. Du kannst dich jederzeit eins fühlen mit der freudigen Licht-Qualität von uns allen. In allem kannst du etwas finden, das dir hilft oder dem du helfen kannst, denn alles passt zu irgendetwas.

Akzeptiere alles mit liebevollem Herzen – auch das, was dir nicht gefällt –, und dein Leben wird so freudig und erhebend sein wie unseres. Die Menschen scheinen dies sehr schwierig zu finden, und sie teilen das Leben in Gut oder Böse, angenehm oder unangenehm. Sei wie die Lerche, die den klaren oder trüben Morgen mit der gleichen Köstlichkeit ihres Gesanges erfüllt.

Wir gehen jubilierend unseren Weg, wie alles Leben dies tun könnte; ist es uns denn nicht von Gott gegeben?

Sommer

Marienglockenblume

Wir kommen in klarer Färbung, hüpfend vor Freude. In unseren Bereichen sind wir frei – frei zu sein oder nicht zu sein –, doch sind wir unveränderlich gebunden, die strahlende Vollkommenheit von reiner Farbe und Form zum Ausdruck zu bringen, welche ihr Marienglockenblume nennt. Ihr Menschen scheint es nicht zu erkennen. Weil wir frei sind und nicht auf irgendwelche Dimensionen beschränkt, können wir uns konzentrieren und Vollkommenheit auf die äußeren Ebenen bringen. Ihr beschränkt euer Bewusstsein oft auf die äußeren Ebenen und dort deshalb uneffektiv. Wenn ihr wüsstet, dass ihr den Himmel durchwandern könnt, wie wir es tun, würdet ihr die Kraft finden, auf jeder Ebene Unmögliches zu vollbringen.

Wir können euch nichts über eure Probleme sagen, weil ihr sie in jenen niederen Dimensionen selbst erzeugt, indem ihr dem Wirklichkeit gebt, was nicht real ist. Doch wir können euch weiterhin aus unseren Regionen grenzenloser Freude zurufen, aus den Bereichen, in denen wir einander auf gemeinsamem Boden unter unserem Schöpfer begegnen, die ihr aber nur selten als eure Energiequelle erkennt. Weil wir frei sind von Hindernissen, nutzen wir die Energie aus jener Quelle, um unsere Pflanzen in Reinheit zu erschaffen. Ihr gebraucht sie auf so viele stümperhafte Weisen, dass ihr selbst vergesst, dass ihr Herren der Schöpfung seid. Ihr tappt im Dunkeln, während die ganze Zeit Licht da ist. Da Licht oder Leben auf der Erde zum Ausdruck zu bringen ist, strahlen wir das Licht in euer Denken, wann immer wir eine Gelegenheit haben.

Wir rufen euch auf: Befreit euch aus der Begrenztheit. Ihr gehört dort nicht mehr hin als wir. Wie unsere Reiche aus dem sogenannten Nichts in Übereinstimmung mit dem Bauplan des Lebens eine wunderschöne Blume erschaffen können, so könnt ihr Materie erschaffen und zu immer strahlenderem Licht gestalten. Eure Aufgaben mögen anders erscheinen als unsere, und ihr wendet ein, dass ihr nicht plötzlich sein oder nicht sein könnt, wie wir es können. Wir halten dagegen, dass ihr dies könnt. Ihr könnt Licht oder Nicht-Licht sein. Was immer ihr tut, könnt ihr durch eure Einstellung verwandeln, bis alles Licht ist, alle Welten im göttlichen Strom verbunden sind und Vollkommenheit und Schönheit auf allen Ebenen erscheinen. So funktionieren wir. Das könnt auch ihr.

Ihr wundert euch, dass der Geist einer Blume so Tiefgründiges sprechen kann. Doch wundert euch nicht: Sind wir nicht alle aus der Einen Quelle, und wem würde diese Quelle Leben und Intelligenz versagen? In allem Leben pulsiert göttliche Kraft – wirkt Gott. Begrenzt nichts, besonders nicht euch selbst, und auch ihr werdet frei sein, Gottes Herrlichkeit auf alle Ebenen zu bringen.

Großblättriger Frauenmantel

Gebt uns einen Vorwand, zu euch zu kommen, ganz gleich durch welche Pflanze! Wir müssen einfach unsere Freude über die neue Aufhellung des Bewusstseins mitteilen, die sich gegenwärtig vollzieht. Wir fühlen, wie sich Strudel davon bis in unsere Bereiche erstrecken, die sich zunächst vielleicht ein wenig vorsichtig ihren Weg ertasten, dann aber doch zu uns kommen und bereit sind, empfänglicher und offener zu sein, bis – sieh an! – ihr bei uns seid und wir bei euch.

Früher haben wir oft Menschen gesehen, die einen kleinen Spurt in die Freude des freien Lebens machten und sich dann plötzlich erschöpft umwandten und in die selben alten Bahnen zurückkehrten, wo sie dem Atlas glichen, der die Last der Welt auf seinen Schultern trägt. Doch gerade hier bei euch – wie bei uns immer – ist eine funkelnde Welt voll freudigem Dienen und Erreichen, eine Welt von Schönheit über alle Maßen, welche uns weitere Schritte emporzieht. Es war ein Fall von „so nah, und doch so fern“, bis wir gezwungen waren, die Menschheit sich selbst zu überlassen und uns mit getrennten Welten abzufinden, obwohl wir euch weiterhin dienen und ihr uns weiterhin nicht wenige Bärendienste erweist. Aber ein neues Gewahrsein geht jetzt fast explosionsartig von euch aus – und unser Entzücken ist riesig!

Eine Welle der Veränderung zieht in Windeseile über unsere ganze Welt und wird leicht aufgenommen. Wir wissen, dass solches bei euch nicht der Fall ist, oder zumindest nicht der Fall gewesen ist. Aber dieses neue Gewahrsein, das von euch ausgeht, ist mächtig in seinen Konsequenzen und baut zur Gänze auf dem Leben selbst auf. Wir fühlen, dass es sich rasch ausbreiten wird, da dies seiner Natur entspricht. Wir wiederum werden von unseren Kräften immer mehr hinzugeben, bis nichts mehr von den alten Wegen und Weisen existieren wird und wir die Welt des Lichtes miteinander teilen. Liebe erringt den Sieg, freut euch!

Säckelblume

Du findest uns im Garten bereits fest verwurzelt mit einer klaren Linie des Lichtes, die bis zum Höchsten reicht. Das ist so, wie es sein sollte. Das ist Gesundheit und Leben, die harmonisch zusammenwirken. Während du dich näherst, breitet sich die Linie in alle Richtungen aus und vereinigt sich mit allem Leben – jetzt zwar unsichtbar und nicht greifbar, aber gleichwohl präsent. Das ist wie unser Reich und unser Werk – überall präsent, doch nicht wahrnehmbar.

Nein, unser Bewusstsein verändert sich nicht besonders mit dem Wechsel von Nacht und Tag; doch wir empfinden so etwas wie Leistung und Erfüllung, wenn eine unserer Pflanzen ein besonders feines Exemplar ist. Es ist ein unpersönliches Empfinden, welches jene Linie zum Höchsten heller strahlen lässt. Das ist der Himmel, der auf die Erde gebracht wird – so weit wir dazu im Stande sind.

Das ist unsere größte Freude, unsere heilige Bestimmung, unser Atem, unser alles. Du verstehst es, wenn du dich auf dieses Empfinden bei uns einstimmst und die leuchtende Klarheit erlebst, die im Inneren und nach außen strahlt, während wir unsere heilige Aufgabe erfüllen. Dieses Empfinden haben die Menschen selten. Wenn ihr es hättet, gäbe es nichts, das ihr nicht erringen könntet.

Fühle auch die Essenz unserer Farbe und die kühle Bläue in ihr. Innezuhalten und sich in die Farbe einer Pflanze zu versenken, ist eine gute Art und Weise, zu den Tiefen einer Farbe vorzustoßen, denn es ist ein lebendiger Farbton, der seine Botschaft deutlich aussendet. Es ist niemals statisch, sondern, wie das Leben, eine sich ständig wandelnde Farbe. Ihr Menschen versucht zu fassen und zu bewahren, was ihr liebt, aber das Leben ist nicht so. Das Leben ist immer in Bewegung. Gott zieht vor einer weiteren Manifestation des Lebens immer etwas vom Alten zurück. Dies alles ist für uns ganz natürlich, und wir geben es weiter, weil unsere Sicht anscheinend hilfreich für dich sein könnte.

Wenn du innehältst, dich besinnst, nach innen wendest und auf uns einstimmst, sprechen wir, und es wird viel offenbart. Eine solche Konzentration halten wir ständig aufrecht, sie ist ein Teil unserer Arbeit. Es wäre auch für euch Menschen hilfreich, wenn ihr es gleichermaßen praktiziert. Haltet inne und seid ihr selbst. Eure Verbindungen gehen – wie unsere – nach innen zum Höchsten, aber ihr erkennt dies nur selten.

Wir sind fertig. Du darfst nicht denken, dass wir dir predigen! Wir sind freie Wesen, gespannt auf das Leben selbst. Wir sind froh, unsere Absicht mit euch zu teilen, wir sind froh, da zu sein, allzeit lebendig und wach für alles. Möge Gottes Willen in euch wirken.

Gemeiner Flieder

Ich muss hereinkommen – wir sind so alte Freunde, und sogar jetzt denkst du hauptsächlich an den Flieder, mit dem du aufgewachsen bist. Doch das beeinträchtigt unseren Kontakt nicht, da Zeit und Raum in diesem Zusammenhang nichts bedeuten.

Spüre die Wirbel von Bewegung, die Strudel von Farben und eine tiefe Liebe. Es ist die Liebe, die dich aus der Zeit und dem Raum gezogen hat hin zu der ewig lebenden Essenz, die wir sind – ein bestimmter Aspekt der Schöpfung, der immer existieren wird, selbst im Embryo, falls nicht in der Manifestation. Die äußere Manifestationsform ist wandelbar und verändert sich, wie es auch euer physischer Körper tut, während die Wirklichkeit, die dahinter liegt, weiter besteht. Wenn du mit der Wirklichkeit fest verbunden bist und dich selbst vollkommen unter Kontrolle hast, kannst du einen immer jungen physischen Körper manifestieren. Solches ist uns nicht bestimmt, da uns nicht auf die gleiche Weise die Gewalt über die physische Welt gegeben ist. Wir sind Teil der Natur; aber du kannst über die Natur hinausgehen.

In der Zwischenzeit zeigen wir die Vollkommenheit der Natur, und die Menschen zeigen ihre Unvollkommenheit. Wir verschönern und bereichern das Land und erfüllen unseren Aufgabe im Plan, während ihr das Land plündert und eurer Rolle im Plan nicht gerecht werdet. Anstatt euer Potenzial zu finden und zu verwirklichen, legt ihr los in alle Richtungen. Ihr verschmutzt und entstellt euren Lebensplan. Dieser Plan ist bei euch sehr deutlich, besonders in der Jugend; ihm aber zu folgen und ihn zu verwirklichen, wenn ihr die freie Wahl habt, ist ein langer Prozess. Wir können eure Lebenspläne sehen und fragen uns, warum ihr ihnen nicht folgt und ihnen Gestalt verleiht, denn sie sind wunderschön. Tätet ihr es, würde dieser Planet unglaublich hell strahlen.

Dies wollen wir dir sagen: Du suchst ständig im Äußeren nach Weisung und Geleit, während sie die ganze Zeit in deinem Inneren warten. Wie könnte irgendetwas außerhalb von dir so viel über dich wissen wie du selbst? Ein jeder ist vollkommen anders und einzigartig, und nur du kennst deinen Lebensplan. Eine echte Lehre hilft dir, jenes Muster in dir selbst zu finden. Tue, was gut für dich ist, nicht was schlecht für dich ist, weil dies deinen Lebensplan entstellt. Es ist dieser Plan, was Wirklichkeit ist – nicht das, was du „du" nennst. Deine derzeitige Selbstwahrnehmung spielt nicht die geringste Rolle und sollte am besten in Vergessenheit geraten. Das wirkliche Du „dahinter" ist herrlich. Folge deiner Lehre, befasse dich mit dem Äußeren, bis es dünn genug ist, so dass du das Innere dahinter siehst. Noch besser aber: Wende dich um und finde das Innere. Es ist da und es ist stark – sonst wärest du nicht da.

Es hilft, erhält und ist ohne Ausnahme für jeden von euch die Lebenskraft, trotz eurer Einwände, dass ihr in irgendeiner Weise begrenzt seid. Es ist der Plan, den es zu finden und mit dem es einszuwerden gilt.

Die Idee und Manifestation eines Flieders ist sehr schön. Idee und Manifestation eines Menschen sind sogar noch schöner. Behalte dies im Sinne, und suche im Inneren danach.

Gartenpetunie

Wir haben uns gefragt, wann du zu uns herüber kommen würdest, weil wir dir mitteilen möchten, dass wir liebend gern in diesem Garten sind und hier in weicher, reicher Brillanz und mit vollkommenem Behagen unsere Kräfte umherwirbeln können. Rund und wieder rundherum gehen wir, Meister von jeder kleinen Blume. Wir nehmen auf, was die Sonne gibt, wenn sie uns anblickt, und was die Menschen geben, wenn sie uns anblicken; das verkörpern wir dann auf Erden.

Es gibt einen immensen Austausch von Energien zwischen allen Teilen der Schöpfung. Wie ihr Luft zum Atmen benötigt und wie die Fische Wasser brauchen, so ist jede Pflanze, jeder Teil des Lebens in eine Atmosphäre eingetaucht, die Teil seines Lebensplans ist und zu der er selbst auch beiträgt. Die Menschen können am meisten von allen beitragen – und wie wundervoll wird die Welt sein, wenn ihr es tut!

Du könntest natürlich feststellen, dass wir alle unsere Kräfte in so viel Territorium hineinwirbeln, wie wir können. Wir möchten uns ausdehnen, verbreiten und wachsen, und unser Nachbar empfindet das gleiche. Einige von uns sind lauter als andere – hier kommt deine Aufgabe als Gärtner zum Tragen!

Du fragst dich, auf welcher Ebene du uns kontaktierst, denn wir erscheinen dir sehr wechselhaft und ausgelassen. Wir haben viele Ebenen und Facetten für Kontakte – wie auch die Menschen, ohne allzu ernsthaft zu sein. Wir sind lebendig, wir stürzen uns ganz ins Leben – das müssen wir, weil die Saison nur kurz ist. Zudem, warum sollten wir uns zurückhalten, wenn das Leben hier ist, um Ausdruck zu finden? Es gibt nichts, das uns aufhält, wie es bei euch so oft der Fall scheint. Gehe hin und betrachte uns jetzt, mustere uns genau und mache dich vertraut mit unserer Beschaffenheit, denn die ist ein Ausdruck von uns. Alles ist eins, alles hat auf irgendeiner Ebene ein Muster. Erschaue, wie es wirkt.

Heckenrose

Du hast dich gefragt, in welcher Verbindung ich zu den Hunderten neuer Rosen-Varietäten stehe, die sich im letzten Jahrhundert entwickelt haben. Jede Varietät offenbart ihren eigenen Deva, indem sie ihren Typ definiert. Eine Wesenheit entwickelt sich, da ein neues Arrangement von Kräften oft genug wiederholt wird. Jene Wesenheit ist wie eine Tochter, doch sie steht uns näher als das – sie ist ein Teil von uns. Es ist schwierig, dir das zu erklären, weil du eine Welt aus konkreten Formen und getrenntem Leben gewohnt bist, während in unseren Welten alles lebendige, sich verändernde Form ist – ohne ein Gefühl der Trennung, ohne ein „Selbst“, das sich gegenüber seinen Nächsten individualisiert. Wir sind mehr wie ein Atmen. Wir kommen und wir gehen. Freude sprudelt manchmal ohne Grund empor, so tun wir es auch.

Kapuzinerkresse

Wir vermitteln euch einen Eindruck von kräftigen Farben, und in der Tat sind wir farbenfroh. Wir sind froh, dass die Menschen unsere hellen Farben mögen und Freude angesichts unserer warmen, sonnigen Farbigkeit empfinden. Wir erfüllen unsere Aufgabe, unsere Blüten hervorzubringen, und legen unser ganzes Wesen hinein. Dass Menschen darauf ansprechen und sich über uns freuen, bedeutet für unser Leben im Augenblick sogar noch mehr Erfüllung. Wir sind auch froh, dass unsere Blätter Nahrung für euch sein werden, und werden sicherstellen, dass die Kapuzinerkresse in diesem Garten noch mehr Schwingungen birgt als gewöhnlich. Wir sind froh über den Kontakt zu euch und möchten unsere Freude mit euch teilen.

Echter Lavendel

Lange Reihen von uns, wie die Ähren der Pflanze, scheinen euch zu rufen, hervorzukommen, die Dichte des menschlichen Lebens hinter euch zu lassen und euch unserer lebendigen Fröhlichkeit anzuschließen. Seht ihr nicht, dass in diesem Geist alles Leben genossen werden kann? Seht ihr nicht, dass eure düstere Sicht aller Dinge eine unnötige Last ist, die nur in eurem Denken Wirklichkeit besitzt? Wir wissen, dass ihr bei der Geburt in Bereiche weltlichen Denkens eingetaucht werdet, das euch so konstant eingehämmert wird, dass ihr es als natürlich akzeptiert und beteuert, alles andere sei unrealistisch. Doch nun drängen wir euch, aufzublicken, euch zu erheben und in euer Bewusstsein nur das aufzunehmen, was gut ist. Akzeptiert eure Probleme als etwas Köstliches, als ein Spiel, als ein glückhaftes Ereignis, aus dem eine neue Wahrnehmung erwächst, denn das sind sie in Wirklichkeit. Lasst euch von ihnen erheben, und nicht niederdrücken.

Es gibt einen Weg aus euren Problemen, und es ist an euch, ihn zu finden. Ihr werdet ihn nicht auf der Ebene finden, welche das Problem präsentiert, auf der eure Wahrnehmung begrenzt ist. Euer Problem ist eine Chance, euch auszudehnen, mehr Licht hereinzulassen, aufzustehen und mehr vom Leben zu genießen. Jemand mag euch einen Weg weisen, aber das Problem selbst kann nur euer Bewusstsein lösen. Ihr könnt keinem anderen Vorwürfe machen – die Lösung hängt von eurem eigenen Tun ab.

Deutlich sehen wir Antworten für die Menschen, so wie ihr deutlich Antworten für andere seht und dabei versäumt, sie bei euch selbst anzuwenden. Wenn ihr euch also selbst in Schwierigkeiten befindet, steht auf und lacht über euch selbst. Nehmt es leicht, das mag euch den Weg weisen. Seid dankbar für die Chance zu Wachstum und Bewegung. Beklagt nicht euer Schicksal und verbreitet nicht Negativität, sondern findet und verbreitet Licht. Das Leben ist ein Muster des Wachstums und der Ausdehnung; geht mit ihm und verwandelt eure Welt. Ihr Menschen und wir Engel sind von gleicher Substanz, und wir nehmen jede Gelegenheit wahr, dies zu betonen, um einen Funken Licht in euer Leben zu bringen – wie wir es für das Leben der Pflanzen tun und um unsere beiden Welten in Freude zu verbinden. Wir lieben alles Leben sehr – wie auch ihr es lieben werdet, wenn ihr euch zu eurem eigenen Selbst erhebt. Eure Haltung ist euer Weg – erhebt euch!

Bartiris

Wir kommen in die Welt und bringen die violette Farbe mit. Doch du weißt, dass die Iris-Farben verschieden sind. Sie sind wie Variationen über ein Thema, und das königliche Violett spielt bei uns eine vorherrschende Rolle. Die Menschen experimentieren und züchten die Iris zwar nach Farben, doch das spielt sich nur am Rande unseres Lebens ab.

Was ist unser Leben? Du fühlst Würde und eine makellose, fest entschlossene Erfüllung unserer Bestimmung. Sie ist so klar und rein, dass sie transparent ist, außer eurer Reichweite. Das ist Gottes Willen in uns, und in diesem Punkt unterscheiden sich Deva- und Menschenreich sehr deutlich. Unser Wesenskern, unser Leben selbst, bringt die Idee, die wir verkörpern, in Vollendung zur Manifestation. Wir werden nicht zulassen, dass dies irgendwie beeinträchtigt oder abgelenkt wird. Flutperioden oder Dürrezeiten, von Wasser wie von Emotionen, konzentrierte Kräfte gleich welcher Art, alle Handlungen – sie haben keine Auswirkung auf die Idee, obgleich sie die Materie beeinflussen werden, aus welcher die physische Ebene besteht. Wir halten allezeit fest an dem Licht und Leben „im Inneren". Höher oben oder tiefer „innen" kooperieren wir in überwältigender Liebe mit der Verwirklichung der Idee, was jedoch ein anderes Thema ist, auf das wir heute nicht eingehen werden. Auf der Ebene, auf der du uns kontaktierst, ist unser Bewusstsein eine reine und leuchtende geistige Führung.

Was ist eure Bestimmung? Ihr gebt zu, dass ihr es die meiste Zeit nicht wisst, dass ihr einfach Dinge tut, die euch zufallen, wie Schlafen, Essen, Denken und Fühlen. Gewiss sind Muster und Bestimmung der Menschen für uns alles andere als immer klar erkennbar, und wir sehen, wie ihr sie auf jede mögliche Art und Weise vermeidet oder vereitelt. Aber ich sage dies allgemein, im Hinblick auf die Menschen aus der Sicht der Welt des Lichtes, da ich das Licht getrübt sehe.

Wenn ihr eure Bestimmung wüsstet, so wie wir unsere kennen, würdet ihr vielleicht dafür sorgen, dass ihr sie erfüllt. Damit spreche ich etwas Offensichtliches aus, aber die Scheuklappen der Menschen sind für uns ein Rätsel. Nun verlassen wir dich, froh über den Kontakt – aber noch froher, in unsere Welt zurückzukehren, wo alles Licht ist.

Baummalve

Unsere Welt verbindet sich über euer Bewusstsein mit eurer Welt, und das Bewusstsein ist in der Tat wie ein großes Becken, in dem wir alle schwimmen können, mit einem zentralen Punkt, von dem alles Wissen ausgeht. Alles ist Bewegung – überaus sinnvolle Bewegung in unserem Bereich, aber in eurem Bereich verursacht die Illusion eines separaten Selbst viele Rückwärts-Strudel, aus denen ihr am Ende aber dennoch mit einer Bestimmung hervorgeht, die so kraftvoll ist wie unsere und sogar noch weiter reicht. Der Mensch treibt im Meer des Bewusstseins und tanzt mit den Wellen auf und ab, während wir die Materie fest im Griff haben und unsere Projekte handhaben, wie es notwendig ist, ob in den Tiefen oder an der Oberfläche. Dabei sind wir jederzeit und immer im Zentrum verankert.

In eurer begrenzten Sprache versuchen wir gerade, euch auf das Bewusstsein aufmerksam zu machen, in dem wir alle leben. Es ist für alle verschieden – wie es auch sein sollte, denn dadurch sind wir alle füreinander die ergänzende Erfüllung. Alles wird getragen von Liebe, von tiefem Empfinden, und wird letztlich vereinigt in der LIEBE.

Was dies mit der Baummalve zu tun hat? Nichts – und doch alles. Ihr könnt nicht eine Pflanze vom Lebens-Ganzen trennen. Alles hat eine Geschichte, die über Zeitalter hinweg zurückreicht bis vor eure Zeit. In der Kontinuität des Lebens entfaltet sich alles entsprechend den miteinander verwobenen Bestimmungen der verschiedenen Strömungen der Schöpfung. Wenn ihr in Begriffen solcher Weite und eines solchen Bewusstseins denkt, begegnen wir uns in diesem Jetzt und teilen uns einander mit. In diesem Mitteilen heben wir hervor, was euch nach unserem Glauben helfen kann, nämlich ein wachsendes Bewusstsein in Bezug auf eure Bestimmung. Wir kennen den Willen Gottes. Er leuchtet und funkelt von Stern zu Stern, nicht unheilvoll und bedrohlich, sondern mit einer freudigen Leichtigkeit gleich einer Liebkosung. Ihr Menschen scheint zu denken, dieser Wille sei die Stimme des Verderbens oder wie eine Peitsche, die euch geißelt, deshalb fordern wir euch auf: Werdet bewusster. Wacht auf! Öffnet euch in Liebe für jene große, wundervolle Bestimmung und werdet eins mit ihr. Damit seid ihr wahrlich ihr selbst – wie wir es sind –, und wir können uns in atemloser Dankbarkeit vor der Schönheit des Willens Gottes verbinden.

Waldgeißblatt

Wir verströmen unsere Süße für alle, denn wir verschenken unsere Fülle so, wie es unsere Bestimmung ist. Unser Dasein ist Gottes Geschenk an uns, und wir nehmen dieses Geschenk dankbar an.

Das wirst du bei uns immer feststellen. Du fragst, ob wir in diesem besonderen Garten anders sein werden? Wir hoffen, wir werden mehr wir selbst sein. Empfindest du das Wachstum an manchen Orten nicht als ein wenig bedrohlich? Das ist kein Zufall. Es gibt immer einen Grund, und wir von der Pflanzenwelt folgen unserem Muster entsprechend den Kräften, die zur Verfügung stehen. Es gibt viele verschiedene Arten von Gegebenheiten auf dieser Erde, jede ist für eine bestimmte Pflanze perfekt geeignet. Wenn etwas aus dem Rhythmus oder aus der Ordnung gerät – was nur in dem separaten Wollen der Menschen begründet sein kann – und Kraft zur Verfügung steht, dann reagieren wir auf jene Kraft. In eurem

Garten, der auf das Licht und den universellen Willen ausgerichtet ist, hoffen wir alle, ganz wir selbst zu sein. Ich gehöre nicht zu denen, die Vorbehalte gegenüber den Menschen hegen. Ich verströme meine Süße für alle, und erwarte, hier sogar noch süßer zu sein.

Was deine Frage betrifft, ob dieser bewusste Kontakt irgendetwas verändert – und du denkst an verschiedenen Stellen an mich –, ja, er bedeutet einen Unterschied. Es mag keine offensichtliche Veränderung für die verschiedenen Pflanzen an den verschiedenen Stellen sein, aber auf einer tieferen, auf meiner Ebene, kann aus unserer Zusammenarbeit eine Gemeinschaft erwachsen, die sich bis auf die materiellen Ebenen auswirken wird. Die Welt ist im Bewusstsein der Menschen aufgeteilt worden, und es ist euer Bewusstsein, das die Welt kontrolliert. Da eure Wahrnehmung und euer Sinn für das Einssein zunimmt – in welchem Bereich auch immer –, können wir davon nur profitieren, denn der göttliche Wille wird in der Freude des Augenblicks mehr und mehr an erster Stelle stehen. Die Deva-Linie hält sich nicht zurück, wenn wir uns selbst Ausdruck verleihen können, und die Geißblatt-Familie hat in dieser Hinsicht keinen Grund zur Klage – außer in dem Rahmen, in dem die ganze Welt klagt. Du sagst, das werde sich ändern. Dies nehmen wir mit Freuden an – und freuen uns auf eine wachsende Zusammenarbeit in allen Bereichen.

Gemeine Ochsenzunge

Wir sind froh, willkommen zu sein. Wir haben uns früher schon unerkannt hereingestohlen.

Du hast gelesen, dass unsere Wurzeln zum Färben gebraucht werden, und staunst über die verschiedenen Verwendungsmöglichkeiten von Pflanzen. Der Reichtum der Schöpfung ist unglaublich, denn Gottes Fülle und Überfluss sind grenzenlos. Was die Erfindungsgabe des Menschen entdeckt, ist nur ein Teil, und allmählich wird man mehr und mehr entdecken. Denke an die Tausende von Pflanzenarten und -varietäten; denke an die Millionen von Menschen auf der Erde – sie alle sind verschieden.

Die Erfüllung der Bedürfnisse jedes Menschen auf dieser Erde ist möglich. Jeder Mensch kann ein befriedigendes Leben führen und seine verschiedenen Bedürfnisse innerhalb des zusammenhängenden Lebens-Ganzen auf diesem Planeten erfüllen. Unabhängig davon, wie entwickelt ihr geistig seid, können eure Bedürfnisse befriedigt werden, und die Erde könnte ein Paradies für alle sein. Es scheint zwar unmöglich angesichts der Millionen von Menschen mit unterschiedlichen Geschmäckern in allen Dingen, aber es kann sein. Dass es nicht so ist, liegt an eurer Gier, nicht an Gottes Vorsehung.

Jedes mikroskopisch kleine Atom des Lebens, jedes Sandkorn, jede Pflanze, jedes Tier oder Menschenwesen hat eine bestimmte Rolle zu spielen. Wir erfüllen unseren Part, aber welche Rolle spielt ihr? Offensichtlich habt ihr „euer Nest beschmutzt"; es gibt zur Zeit viel Lärm darum, und das ist gut. Aber die wirkliche Lösung ist für euch, dass ihr eure Rolle im Plan der Dinge erkennt und annehmt. Es ist eine Hauptrolle, aber das braucht euch nicht zu bekümmern, weil ihr das Talent dafür habt, das Genie. In euch glüht der göttliche Funke brillanter und spezifischer als im Rest der Schöpfung auf Erden. Er kann eure Freude sein, da es euer Erbteil ist, jenen Funken zu suchen, zu finden und ihm sogar mit noch mehr Eifer zu folgen, wie wir es tun – denn aufgrund eurer eigenen Entscheidungen seid ihr anderen Mustern gefolgt und habt sie als mangelhaft erkannt. Ihr könnt in die Rolle schlüpfen, für die ihr erschaffen wurdet, und mannigfachen Nutzen für euch selbst und die ganze Schöpfung entdecken; dann wird sich alles perfekt fügen. Es ist ein aufregendes Geschehen, eine aufregende Zeit.

Wer würde angesichts unserer rauen Blätter und blauen Blüten denken, dass es eine rote Farbe aus unseren Wurzeln ist, was uns auszeichnet? Wie bei den meisten Menschen, sind auch die dich auszeichnenden Gaben verborgen. Lasst uns alle diese Schätze finden, die tief im Inneren verborgen sind, und die Erde für alle bewohnbar machen.

Gemeiner Besenginster

Wir erfreuen uns an eurer Wertschätzung. Alle Lebewesen gedeihen, wenn ihnen Aufmerksamkeit und Wertschätzung zuteil werden, und wir, als Baumeister der Formen, nutzen sie als Nahrung für die physische Ebene.

Was ist dieses Wunder des Wachstums, das die Natur inszeniert, die Entwicklung eines winzigen Samens zu einem Baum, einem Tier, einem Menschen? Die Qualitäten, die bei der Einstimmung auf unsere Welten im Vordergrund stehen, sind positive wie Freude, Leichtigkeit, Anpassungsfähigkeit und Hingabe. Solche Qualitäten sind tatsächlich die Nährstoffe oder die Energie, welche für das Zellwachstum gebraucht werden. Experimente beweisen, dass das Wachstum von Pflanzen schwanken kann je nach den Emotionen, welche die Menschen auf sie richten, und dass das schwierige Kind das ungeliebte Kind ist. Dabei wird übersehen, dass das größere Wunder, das Wunder des Wachstums selbst, von eben solchen Qualitäten herrührt, die von unseren Welten ausgehen. Wenn die Menschen sich weiterentwickeln und sensitiver werden für Dinge, die sie nicht messen oder sehen können, werdet ihr erkennen, dass alles Leben vom Ausatmen verschiedener Wesenheiten abhängt, deren eigene Energie wiederum von ihrem Seinszustand, ihrem Bewusstsein des Einsseins, ihrer Identität mit Gott oder dem Leben. So einfach ist es – manchmal zu einfach für den menschlichen Verstand.

Da das Wachstum spirituell vonstatten geht, kommt ihr zurück auf die einfachen Qualitäten. „Wenn ihr nicht werdet wie die Kinder, werdet ihr nicht in das Himmelreich eingehen." Alle die komplizierten, negativen Emotionen werden zurückgelassen, und ihr tragt kraftvoll zum Wachstum der Welt bei. Gemeinsam mit uns handhabt ihr eine Macht, die sich in Form manifestiert. Ein weiteres Beispiel für das Wunder und die Einfachheit des Wachstums und der Schönheit, die ihr an der Gestalt unserer Blumen so schätzt, bringt ihr in einer anderen Form zum Ausruck. Das Unfassliche wird greifbar. Das ist Wachstum und Leben und Einssein. Lasst es uns immer genießen und Dank sagen für das Wunder des Lebens.

Orange Lilie

Wir bringen Grüße aus der Welt der Farbe. Sind wir nicht wirklich die weltbesten Beispiele für Farbe, um beredt über die Vollendung der Schönheit zu sprechen? Überall um euch und in euch ist Bewegung, Wachstum und Werden. Die Umgebung wird ständig umgestaltet, um im Lernen, in der Mode, in den Zielen und Konzepten, die dauernd wechseln, auf dem Stand der Dinge zu bleiben; nichts ist stabil oder in Ruhe. Doch ihr könnt innehalten, eine Blume betrachten und euch dabei entspannen und sagen: „Oh, sie ist vollkommen!“ So bringen wir euch Augenblicke der Ausgeglichenheit, der Zufriedenheit und vor allem Freude. Freude ist Vollendung in Bewegung, und wie die Freude, sind auch wir vollkommen im Augenblick, doch ganz und gar nicht statisch.

Seht, die Schöpfung besteht aus Qualitäten, die auf die Erde herab gebracht und in Form manifestiert wurden. Die materielle Welt ist gewissermaßen nur eine Verlängerung von sich bewegenden Qualitäten und besitzt keine Wirklichkeit an sich. Obwohl eure Augen darauf eingestellt sind, nur die physische Blume zu sehen oder den physischen Menschen, habt ihr auch andere Sinne, die euch die Fülle des Lebens vermitteln, um gemeinsam jene Blüte oder jenen Menschen hervorzubringen. Wie ihr es auch betrachten wollt, bestimmt die Qualität eurer Sichtweise, was euch bewusst ist. In einem Zustand großer Freude werdet ihr tanzen und jubeln angesichts der Schönheit einer Blume; in einem Zustand schwarzer Depression werdet ihr sie zertreten.

Eure Welt ist eine Welt der Entscheidungen. Ihr seid Schöpfer. Wir von der Deva-Welt sind auf einen Zustand großer Freude ausgerichtet, deshalb sind unsere Manifestationen vollendet in Farbe und Form und strömen Reinheit, Duft und Schönheit aus. Ihr könnt euch entscheiden, das Gleiche zu tun, indem ihr euch ausrichtet auf den Einen, der Freude ist und LEBEN – die Einfachheit, die alles vereint. Dann ist dein Erblühen größer als unseres, und alle Welt jubelt.

Levkoje

Wenn du dich kurz vor dem Ende des Tages auf uns einstimmst, fühlst du eine ungeheure Vitalität. Alle lebenden Wesen besitzen diese enorme Vitalität auf bestimmten Ebenen – und auch du hast sie. Du bist die KRAFT selbst, wenn du dir bewusst machst, was du bist. Da wir uns keines Selbst bewusst sind, können wir in unseren Welten eins sein mit unserem Gottesbewusstsein und entsprechend handeln. Deshalb ist jede Blume ohne die Mängel und Schleier, welche die Menschheit verhüllen. Deshalb sind wir frei, in strahlender Freude zu dir zu kommen und deine oberflächlichen Grenzen zu durchdringen, so weit du dies zulässt, denn du bleibst für dich. Wir lassen los in dem sich ewig verändernden, nicht unterteilbaren Strom des Lebens.

Du fragst dich, wie wir – wenn wir alle Identität verlieren – die Perfektion mit der Präzision aufrechterhalten können, die ein Merkmal der Natur ist. Wir sind verantwortlich für die Ausführung unseres jeweiligen Pflanzen-Musters, doch die Kräfte und Energien, welche wir dazu gebrauchen, sind überall. Alle diese pfeilschnellen Kräfte sind *eine* Kraft, an der wir teilhaben; sie ist für alle offen und verfügbar. Auch ihr Menschen nehmt mit jedem Atemzug von jenen Kräften, ohne euch allerdings bewusst zu sein, das sie aus einer Quelle stammen.

In dem tiefen Frieden, der hinter dieser rastlosen Bewegung des Lebendigen steht, hauchen wir euch mit unserem speziellen Duft den Odem des Lebens zu. Als Kinder des Einen sind wir eins mit euch. Unsere Bestimmung ist die gleiche – nämlich zu dienen –, und keiner von uns, in keiner Welt, kann sie perfekt erfüllen, bis wir es bewusst gemeinsam tun zum Ruhme Gottes. Tag und Nacht achten wir darauf – und Nacht und Tag verbreiten wir unsere Freude und unseren Duft.

Ysop

Auch wir möchten willkommen sein. Auch wir möchten unsere Qualitäten mit euch teilen.

Seht, dass die überschäumende Freude, die euch in unserem Reich so entzückt, ein Teil auch eures Wesens ist, den ihr nicht mehr im Äußeren zu suchen braucht. Unsere Kommunion vertieft sich, und ihr wisst, dass es das Gleiche ist, was in der Ysop-Pflanze und was schließlich in euch zum Ausdruck kommt. Das ist Einssein. Freut euch darüber, wie wir es tun. Erhebt euch jubelnd und ruft es hinaus mit den Winden, die über den Erdball wehen! Lasst die Ungläubigen spotten, wenn sie es wünschen. Sie sind bei sich selbst hängengeblieben, zusammengepfercht, begrenzt und erdgebunden, denn sie kennen das Einssein nicht. Tanzt in uns, mit uns, zu den höheren Bereichen und überwindet alle Begrenzungen. Freude ist es, womit wir arbeiten, Freude ist, was wir sind, Freude ist auch, was ihr seid. Das wollen wir euch zeigen. Lasst es uns der ganzen Menschheit zeigen, denn ihr habt die Freude verloren, als ihr euch von dem Ganzen getrennt habt. Eure innere Stimme sagt euch, dass es Liebe ist, die vereint; werft alle Konditionierung über Bord und erlebt von innen. Lasst die Freude, die in euch steckt, hinaus fließen und euch mit allem Leben vereinen. Sie ist ganz und gar grenzenlos, reißt alles mit sich, ist unwiderstehlich. Sie nimmt das Strandgut des Lebens aus allen Reichen auf und hebt es hinauf zu dem Einen. Natürlich gibt es da keine Worte – also fort mit den Worten, werdet einfach eins in der Freude.

Was ist Wirklichkeit? Ist diese Kommunion nicht realer, vitaler, lebendiger, gottesgemäßer als das, was ihr Wirklichkeit nennt, euer Alltagsbewusstsein? Ja, ihr müsst leben, arbeiten und euer Sein haben im alltäglichen Bewusstsein, aber ihr braucht euch von diesem nicht einengen zu lassen. Die Freude des Daseins, das universelle Empfinden der Schöpfung – sie sind ebenfalls Teil von euch und brauchen nicht ausgeschlossen zu werden. Auch wir haben unsere physischen Entsprechungen, welche in der Erde zu stecken scheinen, aber wenn ihr sie mit verstehenden Augen betrachtet, werdet ihr die Freude in jedem Blatt, in jedem Blütenblatt, jeder Farbe, jedem Duft gewahren. Ganz gleich auf welche Weisen wir die Vollendung Gottes zum Ausdruck bringen können – wir tun es. Ihr seid freier, ihr könnt jene Vollkommenheit viel besser zum Ausdruck bringen, als es uns möglich ist. Ihr könnt Berge versetzen – und jetzt, in der Freude des Einen, könnt ihr die Berge versetzen, die dessen bedürfen, anstatt aus Mücken Elefanten zu machen. Gemeinsam können wir das erdige Antlitz des Planeten reinigen und erheben, da uns diese Kommunion der Freude verbindet. Nun verlassen wir dich nicht, wie wir es gewöhnlich tun, sondern werden bei dir bleiben in der Freude des Lebens, das uns allen geschenkt ist.

Gartenrose

Ihr findet uns wunderschön, weise, rein und menschenähnlich. Im Lauf der Zeiten haben wir und ihr einander schätzen gelernt – und wir haben gewisse Dinge verstanden. Ihr findet die Art, wie die Blütenblätter einer Rose wachsen und einander umfassen, anmutig und besonders. Doch verliert nicht aus dem Sinn, dass wir alle verschieden sind, wie auch jeder von euch verschieden ist.

Ihr vergleicht und nennt mich eine Prinzessin in unserem Reich, da ihr keine Worte finden könnt für euren Eindruck von feiner, anmutiger Schönheit. Es ist eure Klassifizierung, nicht unsere; wir klassifizieren nicht. Ihr erkennt, wie leicht es ist, uns zu verehren – habt ihr nicht Rosen-Tage in den Vereinigten Staaten? Doch ich scheine mich auch zurückzuziehen.

Wir sind aus dem Engelreich, aus einer Schar reiner Diener. Unsere Schönheit drücken wir in Einzelkunstwerken aus – ja, Einzelkunstwerken. Manche Blumen wachsen am liebsten in einer bunten Mischung; wir hingegen halten alleine Hof.

Die Heckenrosen sind meine Cousinen, doch ich bin an kultivierten Orten und mit menschlicher Hilfe aufgewachsen und erscheine euch deshalb wie mit menschlichen Qualitäten. Denkt daran, ich bin eine Art von scheuer Cousine zu euch allen, und wenn ihr Verwandtschaft sucht, werde ich zu euch kommen. Ich danke dir für deine Dankbarkeit.

Muskatellersalbei

Wir kommen, tauchen in eurem Garten auf und bringen unsere bestimmten Schwingungen in den Bereich eurer Wahrnehmung. Du spürst eine fast drängende Ungeduld, die im Widerspruch zu stehen scheint zu der stabilen Struktur und den gedämpften Farben der Pflanze. Unser Drängen ist teils die normale Vitalität einer Pflanze zur Blütezeit, teils auf unser Interesse zurückzuführen, mit dem menschlichen Bewusstsein Kontakt aufzunehmen sowie auf unseren Wunsch, unsere Vitalität für euch besonders hervorzuheben. Leben, Gottes Leben, ist überall um euch; es erschafft, wächst, breitet sich aus und lernt dazu. Ihr seid so daran gewöhnt, dass jedes Jahr aus kleinen Samen große Pflanzen emporwachsen, kahle Äste sich mit frischem Blattwerk schmücken und Felder ihr jahreszeitliches Grün anlegen ... dass ihr dies für selbstverständlich haltet. Dabei vergesst ihr, dass diese gewaltigen Veränderungen – wenngleich Teil der Ordnung der Dinge – nur ein kleines Anzeichen vom Leben eures Schöpfers sind und auch ihr ein Teil dieses immer drängenden, sich wandelnden Lebens seid.

Wir werden ein wenig ungeduldig, wenn wir auf die Unbeweglichkeit des Menschen stoßen, der an der Vergangenheit festhält, an seinem derzeitigen Wissen, wenn doch aus eurem Inneren das gleiche Leben nach Ausdruck drängt. Warum lasst ihr es nicht auch wachsen, wie wir es tun? Warum zieht ihr die Bremsen an und lenkt eure Energie in Gewohnheiten um, die schon lange nicht mehr zeitgemäß sind? Ihr habt eure Regeln, eure Systeme, eure Lebensweisen, die ihr nützlich gefunden haben mögt; doch aus unserer Sicht scheinen sie die Gottes-Energie in euch nur einzuengen. Wir haben unsere Lebenspläne, aber die Lebenskraft durchströmt sie, fließt und vollendet sie und bringt sie zur Erfüllung. Ihr habt eure Muster, doch die Energie scheint überallhin zu fließen, nur nicht in diese Lebenspläne. Wir sehen, wie ihr einander nachahmt, gängigen Strömungen folgt, etwas tut, weil ihr es schon immer so getan habt, und nach eurer Gewohnheit entscheidet. Mit anderen Worten, ihr verschließt euch aus verschiedenen Gründen dem Drang des Lebendigen in eurem Inneren. Was für eine Vergeudung, da ihr diese überaus wundervolle göttliche Energie in euch habt! Sie würde ein Paradies auf dieser Erde erschaffen, wenn ihr ihr folgtet! So gerne würden wir uns mit euch verbinden und euch aus den alten Geleisen stoßen, in denen ihr festhängt.

Ihr wisst, wir sprechen zu euch mit größtem Wohlwollen und Spaß. Wir wissen, dass es gar nicht unsere Angelegenheit ist, doch wir leiden unter dem Kontrast zwischen der Art, wie die Schönheit der Pflanzenwelt zum Ausdruck kommt und der, wie die Schönheit der Menschheit nicht zum Ausdruck gebracht wird. Unsere ganze Welt schließt sich dieser Beobachtung an, in der wir zutiefst übereinstimmen. Wir würden tun, was wir können, um dem Bewusstsein des Menschen die Tatsache nahezubringen, dass jeder von euch ein vollkommenes, eigenes und verschiedenes Muster hat, nämlich das göttliche Leben in eurem Inneren. Es ist dazu bestimmt, gelebt zu werden. Warum geht ihr umher wie Zombies und folgt diesem oder jenem Führer im Äußeren, wo doch der einzige Führer die ganze Zeit in euch, ein Teil von euch ist?

Mit diesen bescheidenen Gedanken verlassen wir dich, und du kannst die gewöhnliche Pflanze betrachten, die dir etwas über das Leben erzählt hat. Gewöhnlich? Außergewöhnlich! Aber das Leben ist schließlich niemals gewöhnlich, wenn ihr es nicht dazu macht. Lasst uns euch stets an das Wunder des Lebens erinnern, und lasst uns Gott gemeinsam danken.

Seerose

Mit dem verschwommenen Gefühl einer Wasserpflanze hast du bisher noch nicht Kontakt aufgenommen; tritt ein und sei willkommen. Wie der Regen breiten auch wir einen wässrigen Segen über das Leben aus und funkeln im klaren Sonnenschein, strahlend aus jeder Blüte, von jedem Blatt. Näher dem Ursprung, liegt unsere Mission deutlich vor uns, auch unsere Teilhabe an der Weisheit der Deva-Welt.

Wir verwenden das Wort Weisheit in Ermangelung eines besseren. Aber dieser Begriff verleitet zu der Assoziation von Erfahrung, die im Laufe der Zeit gesammelt und erprobt wurde – was für uns nicht zutrifft. Unsere „Weisheit" ist immer frisch. Sie weiß, schon bevor sie in die Praxis umgesetzt wird, was geschehen wird. Sie weiß es einfach, weil sie ein Geschenk des Allwissenden ist. Die Menschen sinnen über die Mysterien der Erde nach und bringen eine Theorie der natürlichen Selektion hervor. Wir sagen, dass die Evolution erkannt und geplant wurde an einem Ort, wo Zeit nicht ist, und wir haben an dieser anderen Art von Wissen teil.

Dies sagen wir euch, weil es gut ist, euer Denken für andere Arten des Wissens zu weiten und zu öffnen – nicht allein Wissen, das augenblicklich uns zur Verfügung steht, wenn es gebraucht wird, sondern auch Vorauswissen. Wir hingegen brauchen Wissen nicht zu sammeln, wir schöpfen daraus. Die Menschen sind fähig, das Gleiche zu tun. Im größten Teil des Lebens geschieht dies unbewusst; ihr und wir können es bewusst tun.

Ist dies nicht ein Anreiz, sich einem anderen Zustand entgegenzustrecken, so wie wir uns aus der Erde durch das Wasser bis zur Luft darüber emporstrecken? Alle Ebenen und Zustände sind Teil des Lebens, besonders Teil eures Lebens. Ihr habt die Gewalt über das Leben hier, und doch verweilt ihr in den Grenzen, die ihr eurer Selbstheit auferlegt habt, anstatt emporzusteigen zur Sonne und eurem wahren Menschsein. Wir können mit euch nicht umfassend kooperieren, wenn ihr in euren bekannten, gewohnten Bahnen bleibt. In einem neuen Wissen, welches älter ist als die Zeit, können wir gemeinsam vorwärtsgehen. Dieses Wissen besitzt Frische, Veränderungskraft und Freude. Es ist wie wir – und wir laden euch alle ein, zu ihm zu kommen.

Echter Alant (Helenenkraut)

Bei deiner Einstimmung an diesem Morgen findest du uns hochgewachsen, leuchtend und leichten Herzens. Wir stellen bei euch eine zunehmende Leichtigkeit fest. Sie zieht uns immer näher heran, denn wir sind Geschöpfe des Lichtes. Unsere Pflanzen wachsen dem Licht entgegen, und wir selbst sind aus der Substanz des Lichtes; ihr, mit leichten Herzen, seid ganz wie wir. Eure Welt, in welche unsere Welt Licht bringt, kann sich im Dunkel suhlen, aber mit zunehmendem Licht beobachten wir mehr und mehr Bewegungen empor und hinaus. Dann können wir Einssein fühlen, Gottes Liebe, die wir miteinander teilen.

Ich muss diese Leichtherzigkeit, von der wir sprechen, nicht in wissenschaftlichen Begriffen erklären. Ihr kennt sie in euren Herzen, und euer Gemüt erkennt und unterstützt sie. Was ihr nicht kennt, ist die Wirkung, welche diese Energie auf alles Leben hat – bis hinunter zum dichtesten Mineral. Ebenso wie Lachen ansteckend ist und die ganze Welt, wie es heißt, zum Lachen zu bringen vermag, so ist es auch mit der Leichtherzigkeit. Sie hat starke Schwingungen, die Widerstand überwinden – nicht durch Gewalt, sondern durch Schmelzen. Sie baut auf und gestaltet neues Leben. Das Leben hat sich heruntergebeugt zu dem, was wie Leblosigkeit erscheint in seiner festen, unnachgiebigen Form, aber Leichtherzigkeit öffnet und belebt selbst solche Formen, oder lässt sie von Leben erglänzen. Ihr seht vielleicht nichts davon, aber wie steter Tropfen selbst den harten Stein höhlt, so wirkt auch Leichtherzigkeit.

Die wimmelnden, wirbelnden Energien – welche eure Welt und unsere Welten verbinden – kommen mehr und mehr zusammen, und wir sind entzückt über die zunehmende Verbundenheit im gemeinsamen Bewusstsein. Je mehr dies geschieht, desto besser ist es, denn es bedeutet, dass ihr in mehr Wahrheit eintretet und lichter werdet. Wir sind eine Welt von Licht-Energie – und dies seid auch ihr, auch wenn ihr häufig handelt, als drücke euch die Last aller Probleme nieder, die es jemals gegeben hat. Probleme! Im Licht packt ihr sie mit Freuden an – und sie verschwinden. Lichtenergie verwandelt; sie ist unsere gemeinsame Zukunft. Lobt Gott.

Eispflanze

Überall im Garten öffnen wir uns und bringen unsere Freude zum Ausdruck, dass du trotz der Schwierigkeit mit unserem botanischen Namen endlich in diesen bewussten Kontakt mit uns trittst – wahrlich, ein langer Name für eine kleine Blume!

Das Interesse der Devas, welches hier angerufen wurde, umfasst natürlich alle Pflanzen, doch der bewusste Kontakt stärkt die Beziehung – etwa wie bei zwei Menschen, die sich, nachdem sie einige Zeit miteinander korrespondiert haben, schließlich persönlich begegnen. Wir lernen einander besser kennen. Zum Beispiel empfinden wir dich, einen Menschen, mehr wie uns oder uns ähnlich, als wir es für möglich gehalten hatten – und du wiederum findest uns menschlicher, als du dachtest, dass wir es auf unserer Ebene sein können. So gelangen wir beide zu der Erkenntnis, dass alles Leben viel näher und mehr miteinander verbunden ist, als wir es normalerweise annehmen, und uns wird bewusst, was wir vielleicht übersehen haben – dass alles ein Leben ist, ein Leben, das dazu bestimmt ist, gemeinsam genossen zu werden.

Es ist in der Tat ein Grund zum Jubeln, dass der Geist einer Blume und der Geist eines Menschen im Bewusstsein miteinander kommunizieren, verschmelzen und feststellen können, dass eines das andere ist, dass eine echte Geschwisterlichkeit zwischen allen äußeren Manifestationen besteht. Wann immer wir uns jetzt begegnen, werden wir insgeheim lächeln und auch ohne Worte wissen, dass es ein Band gibt und wir auf eine eigentümliche Art und Weise – trotz unserer äußeren Unterschiede –, zusammengeführt worden sind.

Wir werden wissen, dass wir nicht auf die Unterschiede blicken sollten, sondern auf die Wirklichkeit und Einheit des Lebens in uns.

Dein praktischer Sinn denkt, es dürfte nützlicher sein, wenn ich dir vielleicht ein materielles Bedürfnis der Pflanze mitteilen würde, das du erfüllen könntest. Die Menschen kennen die meisten unserer materiellen Bedürfnisse aus der gärtnerischen Tradition. Wo es etwas Neues zu lernen gibt, ist auf dem Gebiet des bewussten Teilens. Gewöhnlich – bestenfalls – betrachtet ihr uns, denkt vielleicht: „Eine hübsche kleine Blume, welche strahlende Farbe!“, und freut euch über diese Schönheit. Nun kannst du all die Schönheit betrachten und weißt dabei zusätzlich, dass wir innerlich sozusagen gleich sind; du kannst dich uns ganz öffnen, so wie wir uns für dich. Dann kommt deine Strahlung auf allen Ebenen zu uns und wir haben neue Welten, auf die wir zurückgreifen können. Dann haben unsere Baumeister der Natur mehr Ziegelsteine zur Verfügung – und du hast nichts verloren, denn je mehr du dich selbst leerst und mitteilst, desto mehr empfängst du auf allen Ebenen.

So schreiten wir von Stärke zu Stärke, vollenden das Königreich auf Erden und funktionieren als Teil des einen Lebens, welches in der Tat wir sind; dabei genießen wir das gemeinsame Teilen im höchsten Maße und lernen mehr über die Herrlichkeit Gottes. Vereint staunen wir über das göttliche Wirken, sagen Dank und freuen uns.

Kornblume

Wir verströmen unsere Essenz und stehen gerne zusammen in einer Gruppe – wie ihr es uns im Garten erlaubt habt –, statt in einem Getreidefeld verstreut zu sein. Auf diese Weise können wir einander in unserer Würde unterstützen, und so kann sich unser leuchtendes Blau nach oben verbinden, reflektieren und verstärken.

Glaubt aber nicht, es gebe uns nicht in den Feldern. Auch dort ist unser Platz, wo wir das reifende Korn auflockern und aufgehen lassen. Eure Methode, Felder mit nur einer Art anzulegen, ist für euch zweifellos am einfachsten, aber es fördert ein Überwiegen einer Note, eines Einflusses – und es ermangelt der Anmut. Wir bringen Anmut und Schönheit hinzu. Wir treten mit anderen Pflanzen in Kontakt und gleichen die Mängel aus. Wir – und andere unseresgleichen – sollten zugelassen werden, so dass wir überall unter den besten Umständen wachsen können.

Ihr sagt, dass ihr in euren hübschen Gemüsereihen keine Blumen brauchen könnt oder das, was ihr Unkraut nennt. Wir sagen: Ihr könnt es – nicht so, dass sie das Gemüse ersticken, sondern auf eine Weise, dass eine Art der anderen etwas geben kann. Dies ist zwar weit entfernt von der Art, wie ihr Gemüse kultiviert, aber es ist perfekt ... und euer Ziel ist Perfektion.

Ihr fragt, wie dies in die Praxis umgesetzt werden kann, in eine funktionierende Partnerschaft sozusagen. Das ist eine neue Idee, und es ist nicht so unmöglich, wie ihr meint. Das Wissen dazu ist genau hier, es ist in unseren Welten verfügbar für jene, die es anzapfen wollen. Für jene Pioniere, die dafür sorgen wollen, mehr Perfektion in einen Garten zu bringen – nämlich jene erstaunliche Perfektion, in der jedes seinen Part übernimmt, wo Gleichgewicht herrscht und Harmonie auf allen Ebenen –, steht die Fundgrube der Natur bereit und offen. Es gibt Anzeichen jenes inneren Wissens; alle können sie sehen und befolgen. Es sollte eine neue Wissenschaft für die

Menschen geben, eine einfache, erleichterte Wissenschaft, weil wir aus den Naturreichen mit euch kooperieren möchten, wie ihr wisst.

Dann wäre jeder Garten eine Symphonie, in der zum Beispiel nicht nur Blechbläser oder nur Streicher zu hören wären, ohne dass beide Gruppen gleichzeitig spielen, sondern alle kämen zum Einsatz, unterschiedlich von Jahr zu Jahr, gleichsam wie eine lebendige, wachsende Wesenheit. Dies wäre auch überaus praktisch, weil auf diese Weise ein besseres Wachstum erreicht wird. Es gibt keine starren Regeln, aber Prinzipien. Bestimmte Pflanzen kooperieren und harmonieren am besten mit bestimmten anderen Pflanzen. Gottes reiche Fülle und Wege sind grenzenlos, und wir möchten sie in dieser Hinsicht mit euch teilen. Wir von der Deva-Welt denken an eine solche Zusammenarbeit bereits mit der größten Freude und danken dir, dass du uns bei dieser Gelegenheit ein Ohr geliehen hast.

Lupine (1967)

Wir kommen, um zu sein, wie es unser Lebensplan vorsieht. Aus dem scheinbaren Nichts treten wir hervor und erfüllen die Symmetrie der inneren Landkarte unseres Wesens. Nichts anderes ist von Belang. Wir haben eine fixe Idee, an welcher wir festhalten und die wir zur Manifestation bringen. Wir kehren die innere Essenz nach außen. Dazu sind wir hier.

Doch dies alles tun wir in ungetrübter Harmonie mit anderen. Wir halten unsere eigene Note zuverlässig zwischen allen anderen Noten, die das Ganze ausmachen. Anders als die Menschen, treten wir auf keinen anderen, um unseren bestimmten Weg zu bekommen. Es gibt Raum für alle. Wir und andere sind für unsere Arbeit erschaffen worden. Keiner kann uns in die Quere kommen, und wir würden niemand anderem in die Quere kommen. Wir haben etwas für unseren Schöpfer zu tun und sind frei inmitten der großen Freiheit.

Du sagst, wie wunderbar es ist, eine klare Mission zu haben und nichts, das einen davon abbringt! Ja, natürlich ist es so. Es gibt auch nichts anderes. Wir geben zu, dass wir nicht verstehen, wie die Menschen ihre Energie in alle Richtungen vergeuden und es später bedauern; so etwas ist für uns unmöglich. Unser Plan ist da, und es gibt keine andere Richtung, in welche die Energie fließen kann. Du fragst: „Wollt ihr nicht ausgelassen herumtollen?" Aber das tun wir doch, nämlich im Strom unserer Energie; wir sind in unserem Leben weit „ausgelassener" als die Menschen. Unsere Bewegungen sind von Freude erfüllt, und alles in unserer Natur hat seinen freien Lauf in unseren Welten. Rebellieren? Wir sind vollkommen zufrieden und erfüllt im Leben, deshalb ist Rebellion nichts für uns. Von der Geburt bis zum Tod in den äußeren Pflanzen, von Zeitalter zu Zeitalter in der Zeit oder in der sich ständig wandelnden Ewigkeit – das ist ein volles und erfüllendes Leben. Für alles ist gesorgt, und nichts ist dem Zufall überlassen. Jegliche Mängel im Äußeren sind nicht unsere Sorge; wir sind, was wir sind, ganz gleich, was passiert.

Wir wünschen, wir könnten noch mehr vom großen, glücklichen, göttlichen Leben mit dir teilen; es ist alles, was es gibt. Denke daran, wenn du uns siehst in all unserer wohlgeordneten und funkelnden Färbung. Erinnere dich, und verbinde dich mit unserer Freiheit zu sein.

Lupine (1968)

Wir sind unmittelbar hier, in unseren spitz zulaufenden Säulen von Regenbogenfarben. Hier, von unserem Zuhause aus, leuchten wir hell im Umkreis. Wo immer du gehst, findest du uns, wie wir in die Gärten hineinwachsen, allgegenwärtig und uns selbst vorwärts schubsend. Wir singen und breiten uns aus, denn dies ist unser Revier.

Wir sind froh, dass du dieses Jahr zu uns kommst, denn wir haben strahlende Pflanzen hier, die verschiedensten Varietäten, um jede Farbnuance einzufangen. Die Wertschätzung unserer Zusammenarbeit reicht weit zurück. Dankbarkeit ist eine Qualität, deren es den Menschen eher gebricht. Ihr haltet viel zuviel für selbstverständlich, auch die überreiche, natürliche Versorgung vom Antlitz der Erde. Auch wir werden mit all den Materialien versorgt, die wir zum Leben benötigen, aber wir nutzen sie in dem Wissen, dass sie von der einen Quelle stammen. Wir versuchen, unseren Dank zu bekunden mit jeder Blüte und jedem Blatt, mit jeder Farbe und Form. Wir sind eins mit den Elementen – und uns dessen bewusst, wie sie es sind –, und wir handeln und tauschen uns aus ohne Gedanken an „mein" oder „dein", denn die ganze Erdoberfläche ist von einer Familie bewohnt, einer Schöpfung, einer Intelligenz.

Wie entzückt sind wir doch, dass dies so ist, dass es keine Trennung gibt. Könnt ihr nicht spüren, wie die Schöpfung jubelt vor Freude, dass wir existieren, und genauso froh ist, dass unser Nachbar ebenfalls existiert? Wenn wir uns auch ein wenig recken und türmen, da dies in unserer Natur liegt, sind wir doch eins mit dem Strom der Kräfte, welche die kleinen kriechenden Pflanzen sind. Der schwirrenden Kräfte der Insekten sind wir uns zum Beispiel nicht ebenso bewusst; sie sind uns nicht so nah. Doch sie kreuzen unseren Weg in Harmonie und wir begrüßen sie – wie wir euch begrüßen –, da sie das gleiche Recht zu leben haben wie alle anderen. Ihr haltet manche Arten von Leben für nicht gut, aber wir sind alle eins unter dem Einen. Selbst wenn da etwas ist, das ihr eine „Plage" nennt, gibt es einen Grund dafür – gewöhnlich den, dass ihr Menschen aus der Reihe tanzt und unnatürliche Dinge tut in eurer Trennung vom Ganzen.

Aber dies soll eine Botschaft der Freude sein, da unser Lied als Loblied emporsteigt von jeder Pflanze. Seht, wie wir Gott mit Farben preisen. Seht, wie wir die Sonne rühmen und den Regen, die Erde und die Luft und selbst die Menschen, die auch Teil dieses Ganzen sind. Schließt euch uns an, wenn ihr uns betrachtet, und helft uns auf diese Weise, noch mehr von dieser Herrlichkeit zu manifestieren und damit den Kreis des Lebens zu vollenden.

Roter Fingerhut

Du hast einige „Abarten" bemerkt – wir auch! Sie sind nicht unsere Vorstellung von Perfektion, aber etwa die Art von Dingen, die in diesem Garten mit so viel sich frei verströmender Energie leicht geschehen. Du erinnerst dich an das wilde Wachstum vor zwei Jahren, welches nicht gerade ein schöner Anblick war. In diesem Jahr ist es besser, auch wenn es immer noch viel zu wünschen lässt.

Nachdem wir dir ausführlich erzählt haben, dass die Pflanzenmuster hier in unserer Welt jedes Detail bis zur Vollendung gebracht und ausgeführt haben, fragst du dich, warum es zu „Abarten" kommt. Der Grund ist, weil das Leben niemals statisch ist. Alles Leben ist stets offen für Veränderungen, offen für Gottes Willen, offen für jedes Vorwärts. Alle Schöpfung birgt auch einen experimentellen Aspekt, andernfalls würde sie kristallisieren.

Es ist kein blinder Zufall. Wir tun es bewusst im Augenblick, sobald sich eine Gelegenheit bietet. Ein Muster können wir nicht auf einmal ändern. Dies muss in Übereinstimmung mit dem Naturgesetz geschehen – außer natürlich, wenn alle Umstände günstig sind. Hier können die Menschen uns helfen, die Umstände zu kontrollieren. Früher gab es oft ein tiefes Gefühl der Kooperation zwischen einem Gärtner und uns, wenn wir eine hübsche neue Varietät hervorbrachten. In der Welt von heute ist jenes Gefühl der Zusammenarbeit weitgehend verschwunden, da ihr die Pflanzenwelt für eure eigenen, selbstischen Zwecke manipuliert. Ihr behandelt sie auf die gleiche kommerzielle Weise, wie ihr mit Autoteilen umgeht.

Bei einem Kind erzielt ihr bessere Erziehungsergebnisse, wenn ihr Liebe gebraucht, nicht Gewalt. Obwohl mit Gewalt raschere Resultate zu erreichen sein mögen, löst sie eine Kettenreaktion von Auswirkungen aus. Wir sind auch Lebewesen und arbeiten unter den gleichen Gesetzen. Ihr habt uns aufgereiht und uns gezwungen zu gehorchen; die Kettenreaktion brachte das Gleichgewicht der Natur durcheinander. Es gibt einen anderen Weg, Veränderung zu bewirken und neue Varietäten hervorzubringen. Wir hoffen, dass ihr wenigstens in diesem Garten mit uns kooperieren werdet.

Bryophyllum (Brutblatt)

Wir sind hier. Du kannst uns nicht mehr ignorieren, so wie du unsere Pflanze ignorieren kannst, denn es gibt da einige Phänomene ihrer Vitalität und Vermehrung, die ins Auge springen.

Das Leben ist in der Tat produktiv, und die Natur ist mit ihrem Samen besonders verschwenderisch. Natürlich steht hinter uns ein unendlicher Nachschub und ein unendlicher Drang zum Ausdruck. Das Leben äußert sich von der einfachsten zu der komplexesten Form in unendlicher Vielfalt in einer nicht endenden Kette bis hin zum Göttlichen. Welch ein Reichtum von Lebensformen bevölkert die Erde! Wieviel dynamische Kreativität offenbart sich da: Das Meer, die Erde, die Luft – alle wimmeln von Aktivität, alles Leben breitet sich aus, so weit es kann in eifriger Steigerung, die Nahrung für einander bietet und die Kette des Lebens zusammenhält. Millionen von Hektar Land auf diesem Planeten pulsieren von Leben in vielfältiger Form.

Warum? Fühle dich ein in diese Lebenskraft. Fühle hinein in die grenzenlose Liebe, die von aller Schöpfung ausgeht, immer gebend und fließend und nach größerer Vollendung strebend. Zeit bedeutet hier nichts; denke an die Äonen, die vergehen mussten, bis Felsen zu Erde zermahlen waren und dann Formen des Lebens auftraten.

Kontinuierlich und unerschöpflich bringt das Leben weitere Formen hervor, um mehr Attributen Gottes Ausdruck zu verleihen. Dann folgt vielleicht ein Einatmen und eine Zeit der Ruhe. Die Pflanzen können einen winzigen Teil des sich ausbreitenden Lebens zeigen, die Menschen offenbaren einen anderen Teil und die Devas wieder einen anderen. Wir alle sind Teil des *einen* Lebens, wir alle werden gebraucht. Jeder unterstützt die Vollkommenheit im anderen.

Wir wollen nicht davon sprechen, was der Mensch zur Vollkommenheit auf Erden beigetragen hat, sondern im Thema fortfahren. Mittels ihrer Vitalität reproduziert die Pflanze Ebenbilder ihrer selbst. Du kannst mit deiner Vitalität viele Dinge erzeugen. Du kannst wählen, ob du dein reiches, schöpferisches Leben als einen nach außen drängenden Energiestrom nutzt, oder ob du es für dich nimmst und irgendein Monster erschaffst. Das Leben drängt zum Ausdruck, es muss nach außen und weiter fließen, sonst entstehen Blockaden, die anschwellen und schließlich bersten. Sie verursachen Schmerz und Not, bis Heilung geschieht und das Leben wieder in den Fluss kommt. Du kannst das Leben nicht nur für dich behalten; du bist Teil des Ganzen. Liebe schließt alles ein.

Wir werden uns weiterhin gemäß unserem Muster vermehren und wünschen inständig, dass ihr mit eurem Muster ebenso produktiv sein werdet.

Chinesischer Blauregen (Glyzinie)

Du spürst mein unerschöpfliches Wohlwollen. Wisse, dass es sich überallhin erstreckt; wisse, dass sein gemusterter Zauber niemals abgeschnitten wird.

Du fragst in Bezug auf einen anderen Garten, und unser Strahlen geht zu den Exemplaren dort. Unsere Annäherungsversuche werden zurückgestoßen und prallen ab wie von Stein. Deren Form ist fest. Du fragst, ob dies einfach auf hohem Alter beruhe. Hohes Alter kann so sein, wenn die Form nicht mehr ansprechen kann, doch im Allgemeinen versucht sie es. Diesen Eindruck haben wir hier nicht.

Nun probieren wir andere Taktiken; ein umarmendes, verschmelzendes Ausstrahlen, unterstützt durch dein Bewusstsein. Dies hilft definitiv. Die Härte ist gegangen, und ein lebendiges Strömen ist wahrzunehmen. Die Wurzeln ziehen wieder ein.

Du spürst, dass dies eine Angelegenheit für die Naturgeister ist, die Lebenskraft aus dem Boden hereinbringen und wieder kooperieren. Bitte natürlich um Hilfe, was du innerlich ja bereits getan hast, und die Hilfe wird gegeben. Es gilt, Kooperation auf allen Ebenen – inneren und äußeren – und mit allem Leben zu erreichen.

Du dankst uns, dass wir dich auf diese Dinge aufmerksam gemacht haben. Wir danken dir, dass du empfänglich bist auf diesem neuem Gebiet, und innerlich regnen wir einen Schauer von Blauregen-Blüten. Möge das Äußere auch erreicht werden. Leichten Sinnes melden wir uns ab, lächeln allen zu, sind dankbar für alles im Bewusstsein der Größe Gottes.

Wohlriechende Wicke

Ich komme herein wie ein Hauch von unserem Duft und der frischen, hellen Farbe, fröhlich und zierlich, nicht als Verheißung, sondern als Erfüllung vollendeter Wicken-Schönheit, erhaben über die Welt des Irrtums.

Allein, ich wundere mich, dass du fragst, warum die Blumen nicht von Natur aus lange Stiele haben. Lange Stiele wurden von den Menschen erzwungen, die die natürliche Wuchsform entstellt und eine verstümmelte, unausgewogene Pflanze gezüchtet haben. Diese Art von Behandlung führt in unserem Reich zu Misstrauen und der Tendenz, sich von den Menschen fernzuhalten. Ihr habt die Herrschaft auf Erden, und es gibt nichts, was wir an eurer Behandlung ändern können, wenn ihr nur eure eigenen Ziele verfolgt ohne

Rücksicht auf die Mittel zu eurem Zweck. Aber ihr könnt von uns – und besonders von denen, die das Wachstum jeder Pflanze lenken – nicht erwarten, dass wir uns zu den Menschen hingezogen fühlen, die uns nicht die Freiheit lassen, unseren Lebensplan vollendet zur Entfaltung zu bringen.

Natürlich gibt es eine Antwort auf dieses Problem – wie auf alle Probleme –, sie liegt in der Zusammenarbeit, in der Kooperation mit dem Plan und im Wirken für das Wohl des Ganzen. Ihr wünscht lange Stiele, um die Blüten in großen Gruppen zu arrangieren. Dies ist machbar, wenn alle Beteiligten sich für dieses Projekt einsetzen. Es ist nicht im Äußeren zu erreichen, indem man einen Teil des Planes für die Blume zerstört, sondern im Inneren, indem sich alle Beteiligten auf die erwünschte Entwicklung konzentrieren. Ihr Menschen habt dabei einen wichtigen Part zu übernehmen, weil ihr die Veränderung anregt und wünscht. Um euch unsere Kooperation zu sichern, müsst ihr uns die Veränderung erklären und die verschiedenen Mitglieder unseres Reiches davon überzeugen, dass euer Wunsch von reiner Motivation getragen ist und dem Wohl des Ganzen dient. Dann müsst ihr darum bitten und daran glauben, wirklich fest glauben. Es sollte nicht ein Experiment sein nur um des Experimentierens willen, sondern stets ein nützliches, produktives Ziel, das der Weiterentwicklung des Lebens dient.

Ihr fragt euch, woran ihr erkennen sollt, wann wir überzeugt sind. Unsere Reiche sind nicht unvernünftig, aber einige Mitglieder sind zu Recht misstrauisch. Deshalb wäre es klug, behutsam vorzugehen, bis ihr euch als vertrauenswürdig erwiesen habt. Mit voller Kooperation zwischen eurem und unserem Reich sind Entwicklungen möglich, die eure Vorstellungskraft übersteigen. Wir auf der Deva-Ebene möchten eine Blaupause bewahren für jene Zeit, wenn alle Schöpfung unter Gott zum Guten aller zusammenarbeitet und lebenspendende Harmonie zwischen uns herrscht. Wir werden unseren Anteil dazu beitragen. Werdet ihr euren erfüllen?

Gemeine Schafgarbe

Ich scheine sehr fern zu sein und bin zugleich eine vertraute Stimme im Inneren, was dich verwundert. Ist das nicht immer so gewesen? Du hast einfach die Stimme von ferne als die interessantere vorgezogen, denn die fernsten Wiesen erscheinen dir doch am grünsten. Aber es gibt Welten buchstäblich in deinem Inneren. Du hast einen Vogel in dir singen hören und dies als Tatsache akzeptiert, weil es geschehen ist.

Heiße es willkommen; strebe nicht danach, dich getrennt zu halten. Wir sind deshalb nicht weniger real oder in irgendeiner Weise weniger konkret. Gewiss ist es anfänglich fremd. Du fürchtest, du könntest das Entzücken und Freude über uns vermissen, aber diese liegen auch im Inneren. Richte deinen Blick nach innen, anstatt im Äußeren zu suchen.

Betrachte es so: Wie kann Einssein existieren, wenn du es außerhalb von dir suchst? Du setzt dir selbst Grenzen, wenn du nur das von dir erwartest, was du bereits kennst. Haben wir dir nicht immer von den großen Potenzialen im Menschen erzählt? Akzeptiere das Einssein und freue dich. Nimm das Einssein und die Einheit mit allen Dingen aus den kurzen, festgelegten Zeiten und bringe sie in alles, in jeden Aspekt deines Lebens. Wachse. Es ist ein natürliches Wachstum in dieser Zeit.

Du denkst, du könntest das Empfinden gewaltiger Schönheit und Freude an unserer Welt vermissen. Oh irrender Mensch, auch sie sind im Inneren. Spüre es, spüre, wie es in deinem Inneren vibriert, näher als dein Atem, der dich erfüllt. Da fehlt nichts. Wenn Gott im Inneren ist, wie kannst du uns ausschließen? Sei vernünftig.

In Ordnung, nun werden wir auf gewohnte Weise aus deinem Bewusstsein gleiten, doch denke daran: Wir sind hier. Du und wir sind unendlich dankbar und froh, dass das Einssein so beglückend ist.

Bartnelke

Wenn ihr mit uns Kontakt aufnehmt, während unsere Blüten gerade in voller Blüte stehen, wie ihr es jetzt seht, erlebt ihr uns auf dem Höhepunkt der Freude, im vollständigen Ausdruck unseres Bestrebens. Zu anderen Zeiten findet ihr uns vielleicht aufmerksam gespannt und wie geistesabwesend in nach innen gerichteter Konzentration; dann ist es schwierig, einen umfassenden Eindruck von dem zu vermitteln, was wir tun. Für die Essenz jeder Pflanze ist es am besten, wenn ihr uns zur Zeit unserer Blüte besucht. Wir arbeiten in Rhythmen, denn so ist es festgelegt. Alle Geschöpfe – außer den Menschen – sind Teil der natürlichen Rhythmen; und tatsächlich seid auch ihr es, wo ihr nicht gedanklich eure eigenen Welten erschafft.

In voller Färbung nehmt ihr uns wahr und empfindet uns ganz in Bewegung – obwohl die Pflanzen ortsgebunden sind. Diese Bewegung ist die Strahlung der Lebenskraft, die von den Pflanzen kommt; sie ist in dieser Zeit intensiv und stark. Sie ist ein Teil der physischen Pflanzen und auch ein Teil von uns hoch oben und weit fort in vollkommen anderen, ätherischen Bereichen, denn wir sind auf eine Weise eins, die über das dreidimensionale Verstehen hinausgeht. Ermesst und erspürt uns mit allen euren Sinnen. Ihr ermesst euch selbst mit all euren Sinnen, listet und klassifiziert, was ihr ermesst, und sortiert alles entsprechend. Wir oder ich – es spielt keine Rolle, wie ich es nenne – vereiteln solche Trennungen, weil wir zwar alle und alles sind, was ihr registriert, dabei aber doch eins. Selbst du und ich sind eins, wenn wir unserem beiderseitigen Schöpfer nahe genug kommen. All euer Wissen, Messen und Klassifizieren sind aus höherer Sicht Illusion; hier sind wir alle vereinte Manifestationen des einen Lebens.

Und wir leben und regen uns, und Freude verbindet sich mit uns. In diesen Bereichen, in denen wir miteinander sprechen, wie wir es gerade tun, besitzen wir wahre Freiheit und bewegen uns inner- und außerhalb der Existenz des anderen ohne Hindernis. Seht ihr denn nicht, dass es die Bestimmung des Lebens ist, sich auf den äußeren Ebenen ganz zu manifestieren und zugleich völlig bewusst im Einsseins verbunden zu sein? Das ist Wirklichkeit, denn dein Gott und mein Gott sind ein Gott, und ohne diese eine Liebe, welche uns allen den Lebensodem gibt, würden wir nicht sein. Wir versprühen unsere Farben auf dich, und du versprühst deine Farben auf uns, und sie sind eins und dasselbe.

„Vereint euch, werdet eins!", rufen wir euch auf. Vereint euch auf dem Antlitz der Erde und hört auf, ihr Menschen, einen Teil von euch selbst zu plündern. Achtet alles, nicht nur alles Leben, sondern alle Manifestation, denn alles ist Teil von euch und ihr seid Teil von allem. Liebt uns und alles; freut euch allezeit über uns und alles, denn wir sind zusammen und verbunden in dem Einen.

Scheinmohn

Heute kommen wir auf einem Klang wie einem Windstoß herein und bringen, wie immer, die Aura unseres Ursprungs-Standorts mit, ein Gefühl für die Umgebung, das fast natürlich für uns ist. Die Menschen haben uns aus jener Umgebung herausgenommen und uns über die Welt verstreut, um ihre Gärten zu schmücken. Diese Wertschätzung freut uns, aber wir halten unsere Verbindungen mit den Orten aufrecht, die uns hervorgebracht und zu dem gemacht haben, was wir sind. Ihr klassifiziert solche als „schattenliebend", „saurer Boden" etc., doch dies sind nur Ergebnisse. Was die Richtung des Wachstums beeinflusst, ist die Seele, das Gesamtempfinden eines Platzes. Wie die Herbstfarben des Ahorns in Europa nicht so leuchtend sind wie in den Heimatländern des Baumes, so ist jede Pflanze in ihrer natürlichen Umgebung und unter den ursprünglichen Umständen mehr sie selbst.

Du fragst dich, warum ich diesen Punkt anspreche. Dahinter verbirgt sich keine Kritik. Wir stellen einfach Tatsachen fest und bringen mit uns die Aura dessen, was wir sind. Es ist Teil unseres Seins, und der Spielraum darin reicht nur so weit. Du fragst dich, ob wir, die Essenz von formlosem und freiem Sein, den Odem des Seins in einem fremden Garten atmen und unseren Pflanzen ihre heimatlichen Strahlungen geben können. Dies tun wir ständig, und obwohl wir in diesem Garten der bewussten Kooperation mehr wir selbst sein können, bleibt Abwechslung doch die Würze des Lebens. Lasst jeden Garten verschieden und einzigartig sein, so wie es jede Seele ist. Euer Streben sollte der Einigkeit, nicht der Einheitlichkeit gelten.

Nun nehmen wir dich mit zu den Welten, die uns hervorbrachten, Welten des Lichtes mit intelligenten, spürenden Sinnen und Fingern, die im Licht und Dunkel suchen, im Trockenen und Feuchten, in Wärme und Kälte, um eine Ausdrucksform hervorzubringen für die Kreuzung von Strahlungen, welche diesen hellblauen Mohn ausmachen – ein Leben, das sein Gutes vereint und konzentriert. Erde, Wasser, Feuer und Luft, alle aktiviert von herrlicher Bestimmung, wissen, was sie tun, und tun es. So wurden wir erschaffen, und so fahren wir fort und sind wir selbst in der allmächtigen Leichtigkeit der Liebe, die alles für uns ist.

Herbst

Ringelblume

Wenn man sich mit einer Person oder Pflanze anfreundet, braucht man keinen formellen Kontakt aufrechtzuerhalten. Die Verbindung ist immer da, wie es bei uns der Fall ist. Es ist immer Liebe in deinem Bewusstsein, wenn du an uns denkst, und wir alle sind uns dessen deutlich gewahr. Alle unsere Welten nehmen Liebe auf und sprechen auf die Liebe an, welche die Menschen zum Ausdruck bringen.

Alles Leben spricht auf Liebe an. Ihr selbst tut es, obwohl es vielleicht nicht bewusst geschieht. Wenn ihr von jemandem eine negative Antwort erhaltet, reagiert die andere Person oft bloß auf euren Mangel an Liebe, nicht auf etwas, das ihr gesagt oder getan habt. Dann reagiert auch ihr wiederum negativ, und die Liebe wird noch spärlicher. Euer Kontakt, der Energiefluss zwischen euch und der anderen Person, wird schlechter, kommt zum Stillstand oder wird negativ – bis die Liebe von neuem fließt. Wenn ihr eine positive Antwort von Menschen wünscht, so baut ihnen eine Brücke und lasst die Liebe zu ihnen fließen. Darauf müssen sie ansprechen. Auch wenn sie vielleicht Gewohnheitsmuster haben, die erst zu überwinden sind, müssen sie auf eure Liebe ansprechen.

Du findest Weisheit in unserer Welt, weil wir nicht auf Trennungsdenken beschränkt sind und mit Energien direkt umgehen. Auch wenn man vielleicht noch zögert, dies zuzugeben, stimmen sich manche Wissenschaftler und Erfinder ebenfalls auf unsere Welt ein. Ihre Liebe und ihre Wahrheitssuche stimmt sie auf uns ein. Liebe ist immer die Brücke.

Es ist allein deine Entscheidung, ob du mit oder ohne Liebe kommunizierst. Du hast diese Energie in dir und kannst sie bewusst „anstellen“ – oder du kannst zulassen, dass sogenannte Umstände dich davon abschneiden. Das ist unsere Stärke – und deine Schwäche. Wir handeln immer aus der Liebe. Ihr könnt kraft eures trennenden

Denkens und Empfindens eine Welt ohne Liebe erschaffen – oder in Liebe eine Welt der Liebe aufbauen. Wir meinen wohl, dass ihr – wenn ihr die Welt um euch betrachtet, wie ihr sie in verschiedenen Bereichen geschaffen habt – die Liebe im Inneren entfaltet und eine andere Welt aufbaut. Ihr könnt dies tun, und der Rest des Lebens – natürlich einschließlich uns – wird für euch positiv sein, da ihr euch der Wirklichkeit zuwendet. Dass dies für euch nicht einfach ist, ist kein Kriterium; nehmt es als ein Maß der Stärke, die ihr gewinnt und für Gott nutzen könnt.

Lasse dich von den Ringelblumen an den frohen Mut erinnern, dessen du bedarfst, um alle Menschen zu lieben – und möge Gott dir die Liebe dazu geben.

Sommeraster (1967)

Unsere Wohltätigkeit strahlen wir aus jeder zottigen, farbenfrohen Pflanze in Beständigkeit, Reinheit und Freude. Du fühlst diese Qualitäten kräftig und liebst sie in den Blumen, doch wunderst dich über die Unterschiede zwischen dem Bewusstsein, mit dem du Kontakt aufnimmst, und der unbewussten Schönheit der Blumen – sie scheinen gleich, und sind doch so verschieden.

Das Wunder unseres Ausdrucks auf Erden ist das Wunder des Ausdrucks aller Schöpfung, die aus dem Einen kommt, der sich selbst auf allen Ebenen offenbart. Durch Dunkelheit und Licht, durch den Samen bis hin zur Blume, mit unendlicher Geduld und freudiger Hingabe an alle Zustände kann es geschehen, dass ein Muster der Vollkommenheit hervortritt und im Bewusstsein offenbart wird. Mir wurde dieses bestimmte Muster anvertraut, denn auch ich bin mit meinen Verantwortlichkeiten ein Teil des Ganzen. Blumen zeigen Vollkommenheit, weil kein anderer Gedanke eintreten kann, keine Abweichung möglich ist, kein Abkehr von der Erfüllung dessen, was unseres ist. Wir essen nicht vom Baum von

Gut und Böse, weder auf meiner Ebene noch auf der Ebene der Blumen. Alles ist eins, und bringt das EINE zum Ausdruck.

Du siehst so viel Schönheit in uns, dass du ehrfürchtig staunst. Ach, wir verehren den EINEN, ihr Menschen jedoch besitzt die größere Gabe des Staunens. Da ihr durch das Land der Kontraste kommt, könnt ihr den Ausdruck des Einen aus den verschiedensten Winkeln betrachten. Wenn eure Augen rein werden, erkennt ihr die sogenannte Unreinheit, die notwendig gewesen ist für euer Wachstum. Wir haben nur Reinheit in unserem Bewusstsein. Dann sehr ihr, dass tatsächlich alles Reinheit gewesen ist, und ehrfürchtig staunt ihr und haltet die Macht der Schöpfung in euren Händen, denn ihr wisst. Wir halten an unserem Muster fest, das immer lebendig und leuchtend ist und sich weiter bewegt, wie ihr selbst weitergeht – und wir können gemeinsam voranschreiten in ein immer reineres Leben.

Dies sage ich aus meiner Sicht. Lasst euch von meinen Ausdrucksformen auf der physischen Ebene daran erinnern und uns noch stärker in tieferem, ehrfürchtigem Staunen und in der Anbetung des EINEN miteinander verbinden, der ALLES ist.

Sommeraster (1971)

Lasse uns das große Entzücken des Deva-Reiches mit dir teilen. Ihr Menschen werdet so schwer, so belastet von der Sorge über dies oder jenes, dass ihr wie ein Stein auf den Grund des Teiches sinkt und euch von uns und von jenem Teil eures Wesens trennt, der eins mit uns ist. Gleichwohl ist jener Teil von euch immer da und winkt euch auf der materiellen Ebene durch die Blumen zu. Blumen sind Freude, ausgedrückt in Farbe, Duft und Form; sie erheben eure Herzen, trösten und sprechen von Vollkommenheit und Hoffnung. Wenn schon eine Pflanze in einer schmutzigen Welt so schön sein kann – was kann der menschliche Geist erst sein? Wir sprechen durch unsere Blumen in einer universellen Sprache zu euch. Wenn ihr uns bemerkt, könnt ihr nicht umhin, darauf anzusprechen, denn was wir zu sagen haben, das müsst auch ihr zum Ausdruck bringen, und es ist vollkommene Harmonie zwischen uns.

Hinter diesen vollkommenen Formen steht ein tanzendes Entzücken des Geistes, der sich immer frei in den perfekten Rhythmen Gottes bewegt, vollständig eingestimmt auf das Ganze und empfänglich für die leichtesten Anzeichen. Das seid ihr auch, mit all eurer Kraft, und wir möchten euch einfach an euch selbst erinnern. Könnt ihr nicht etwas mehr in diese Richtung blicken? Seht nach innen, und ihr werdet jenen erhabenen Zustand finden; schaut nach außen, und wir werden davon sprechen. Alles wird davon sprechen, wenn eure Augen und Ohren richtig geöffnet sind. Wenn ihr nicht dafür offen seid, können wir euch immer noch an das Wunder Gottes erinnern und euer Bewusstsein erheben.

Ja, wir können euer Bewusstsein erheben; ihr jedoch könnt das Bewusstsein des Planeten erheben. Wir können unsere Strahlen der Freude aussenden wie kleine Leuchttürme; ihr aber könnt euch regen und eure Strahlen der Freude in alle Welt aussenden, die ihr erreicht. Wir erinnern euch daran, dies zu tun, und es jetzt zu tun.

Römische Kamille

Fühle, wie unsere Intelligenz dir entgegenhüpft, während wir früher sehr behutsam und mit unserer Welt zurückhaltend waren. In dieser neuen Nähe können wir mehr von uns mitteilen; und du kennst zum Beispiel die fragile Zartheit, welche sich in einem gefiederten Blatt ausdrückt, oder die emporragende Festigkeit, die sich in einem Blütenkopf zeigt.

Dies sind nur äußere Merkmale. Du hast das Empfinden, dass der Kontakt mit anderen unserer Qualitäten wichtiger sei. Doch es gibt keine Notwendigkeit, keine Fragen, um spezifischere Informationen zu beziehen, deshalb ist alles gut, wie es ist. Der Kontakt mit uns ist eine lebendige Wirklichkeit, nicht bloß eine mentale Übung. Dieser neue Austausch von Liebe steht augenblicklich im Mittelpunkt. Er ist greifbar, er reicht bis in die fernsten Ecken unserer Leben. Wir können sehen, wie sich daraus eine neue Schöpfung ergeben muss, weil wir in dieser Verbindung eins sind mit dir, weil du eins bist mit uns, und weil darin Leben für alle ist. Dieses Einssein muss etwas hervorbringen, es muss eine Geburt geben. Diese Liebe muss die Welten verändern.

In der Zwischenzeit erbauen wir uns einfach an der Freude über das Miteinander-Teilen und darüber, dass wir einander näher als jemals zuvor sind, und näher auch dem EINEN, von dem alles kommt.

Goldbandlilie

Mit Freude tauschen wir uns aus – und sind recht amüsiert, dass dir unsere Schwingungen so seltsam vorkommen.

Wir fühlen, dass es für euch Menschen höchste Zeit ist, euch zu weiten und zu öffnen und in euren Horizont auch die anderen Formen des Lebens aufzunehmen, die Teil eurer Welt sind. Ihr habt der Welt eure eigenen Schöpfungen und Schwingungen aufgezwungen – die mehr als fremd und für uns und andere absolut nicht angenehm sind –, ohne in Betracht zu ziehen, dass alle Lebewesen Teil des Ganzen sind, wie ihr es seid, und nach göttlichem Plan und Sinn dort hingestellt sind. So wie jede Seele ihren eigenen Beitrag zum Ganzen zu leisten hat, gilt es auch für jede Pflanze, für jedes Mineral. Ihr solltet uns nicht länger als niedrigere, nicht mit Intelligenz zur Kommunikation begabte Formen des Lebens betrachten.

Die Evolutionstheorie, welche die Menschen an die Spitze des Lebens auf der Erde stellt, ist nur korrekt, wenn man sie aus bestimmten Blickwinkeln betrachtet. Sie lässt die Tatsache außer Acht, dass Gott, das universelle Bewusstsein, die Lebensformen ersinnt und erschafft. Nach der allgemein akzeptierten Regelung bin ich zum Beispiel eine bescheidene Lilie – unfähig, die meisten Dinge wahrzunehmen, und gewiss außerstande, mit dir zu sprechen. Aber manchmal, irgendwo, ist die Intelligenz da, die uns schön gemacht hat und dies auch weiterhin tut – so wie die Intelligenz, die euren komplexen physischen Körper erbaut hat. Ihr seid euch eines großen Teils eurer eigenen inneren Intelligenz nicht bewusst, und viel von eurem eigenen Körper entzieht sich eurer Kontrolle. Ihr seid euch nur eines bestimmten Teils eurer selbst bewusst. Ihr seid euch gleichermaßen nur eines bestimmten Teils des Lebens bewusst, das euch umgibt.

Ihr könnt euch auf das Größere in euch einstimmen. Ihr könnt euch auf das Größere um euch einstimmen. Da sind riesige Bereiche des Bewusstseins, die alle aus dem Einen hervorgegangen sind – dem Einen, der dieses Bewusstsein in uns allen ist und dessen freudiger Plan vorsieht, dass alle Teile des Lebens zu mehr Bewusstsein voneinander und zu mehr Einssein miteinander finden in der großen Vorwärtsbewegung, die Leben ist, alles Leben, das größeres Bewusstsein wird.

Betrachtet die Lilie, betrachte alles, was sie umfasst und bedeutet, und lasse uns wachsen in Bewusstsein, Einheit und Liebe in dem EINEN.

Gartenfuchsschwanz

Wir kommen zu dir auf den hohen Schwingungen, wo du Freiheit fühlst, denn wir können nicht kommen, wenn du an das Negative verhaftet bist. Wir halten vor dir inne in der Schönheit der Idee, welche unsere bestimmte Pflanze ist. Während wir unsere Köpfe beugen wie unsere Blüten, sind wir unmittelbar frei, substanzlos, Geist, leuchtende Bestimmung und Intelligenz.

Du wunderst dich wieder, dass der Geist einer so niederen Entwicklung wie der sich mühenden Pflanzen so frei und licht sein sollte. Doch betrachte es auf diese Weise: Gott ist im Zentrum allen Lebens, im Zentrum der dichtesten Materie, in dem Zentrum von dir und mir. Warum sollte es dann seltsam sein, dass ein Wesen wie ich mit den Pflanzen verbunden ist? Was ich dir mitteile, übersetzt du für dich mit Hilfe deines eigenen Verständnisses, aber das ist die Art, wie alles Bewusstsein wächst – ähnlich einer Pflanze, die sich emporreckt und Halt sucht, diesen findet und ergreift, weiter wächst und sich immer höher reckt. Ein anderer könnte die Idee durchaus anders aufgefasst, ein anderes Bild damit verbunden haben. Jeder hat die Freiheit, nach eigenen Begriffen zu verstehen.

Der EINE vor und über allem, der doch in allen ist, weiß: Wenn für alle das Beste geschehen soll, muss es Gesetze und Prinzipien, eine gewisse Ordnung statt Chaos geben. Wir Devas sind einfach einer der Aspekte, durch welchen diese Gesetze erfüllt werden. Wir bewahren die Muster für Gott, doch der stärkste Eindruck, den wir dir vermitteln, ist Freiheit. Dieses Gefühl von Freiheit nimmst du auf, weil es bei uns nichts gibt, das uns daran hindert, Gottes Willen zu erfüllen. Wir haben nicht die Belastungen oder „Sünden", die ihr empfindet nach dem Verstoß gegen sogenannte Gesetze oder weil ihr Erwartungen nicht entsprecht. Wir müssen nicht in diesen Bereich der Prüfung kommen. Für uns ist das Leben selbst ein Wachsen, mit dem es Schritt zu halten gilt. Wir verändern oder gestalten so, wie es nötig ist. Wir sind nicht ein Fließband, an dem in endloser Folge identische Objekte produziert werden. Das Leben wächst unaufhörlich, geht weiter, lernt, erhebt sich und wird mehr und mehr bewusst. Wie düster und öde wäre es sonst!

So schwingen wir vor dir hin und her als ein weiteres von den Wundern Gottes, welche alle Bereiche erfüllen für jene, die Augen haben zu sehen. Wir grüßen dich als einen anderen Teil des Lebens, das wir selbst sind und das ihr seid, und gehen weiter in dem EINEN.

Wir hoffen, nächsten Sommer zurück zu sein, um dich dann in Freiheit zu begrüßen.

Rainfarn

Wir sind augenblicklich hier. Du hast noch keinen Kontakt mit uns aufgenommen, denke nur an alle die Devas, derer du dir noch nicht bewusst bist. Aber wir sind glücklich über das neue Gefühl der Harmonie mit den Menschen hier, in einer neuen Gemeinschaft, in der wir gedeihen können.

Wir waren immer entsprechend unseren Kraftlinien tätig, manchmal nahe bei den Menschen, wenn ihr mit uns etwas anfangen könnt, jedoch zunehmend von euch getrennt, da ihr eure natürliche Liebe zu uns verliert und mehr dazu übergeht, uns gedanklich zu analysieren. Wenn eure Liebe im Einssein fließt, gewinnen unsere Kraftlinien ein neues Strahlen und Leuchten. Dann arbeiten – oder nenne es spielen – wir alle mit größerer Kraft, mit mehr Eifer und Macht. Eine neue, vereinende Kraft lebt ins uns, lebt auch in dir, die in unserer gegenseitigen Wahrnehmung eine große, fließende Liebe ist – so groß, dass sie fast mehr ist, als du zu tragen vermagst –, die uns große Freude, Freiheit und Kraft bringt.

Du fragst dich, ob diese Liebe für die Menschen nur zu empfinden ist, wenn sich einer von euch uns zuwendet. Die Neuheit ist jetzt immer bei uns, aber wenn ihr euch uns zuwendet, erkennen wir, dass sie auch euch umfasst, und dann ist der Strom der Liebe stärker. Würden sich alle Menschen liebevoll uns zuwenden, so wäre der Anstoß von Liebe und Kraft so stark wie die Wucht, die von einem explodierenden Stern ausgeht. Kommt allmählich dahin. Wir haben unsere Freude daran, doch wir müssen uns auch anpassen und glauben, dass es wahr ist. Wenn du dich an uns wendest und die Liebe fließt, jubeln, danken und lieben wir von neuem. Wir erkennen, dass Menschen notwendig sind, um unsere Bestimmung zu erfüllen, da ihr ein Teil von uns seid. Das ist außerordentlich neu, aber wunderbar.

Lasst die Liebe also fließen. Wir sind eins.

Rizinus

Wenn du in Liebe auf uns zukommst, sprechen wir unmittelbarer darauf an als in Gedanken. Du beobachtest, wie Pflanzen auf der physischen Ebene auf Liebe ansprechen. Auf den inneren Ebenen ist dies noch umfassender. Tiere, Menschen, alles spricht auf Liebe an – selbst die Kiesel am Strand sind heller, wenn Liebe da ist.

Bis vor kurzem war das Element Liebe in unseren Welten für dich noch nicht wahrnehmbar. Du fühltest unsere Hingabe, unsere Freiheit, unsere Leichtigkeit, unsere Freude, unsere Schönheit und Reinheit. Nun verbindet uns Liebe und hält uns zusammen. Das Einssein ist immer da, auch wenn du dir dessen nicht bewusst bist – wenn du anderweitig beschäftigt bist –, da die Liebe zu einem Geliebten Bestand hat und niemals zunichte wird. Auch wir fühlen dieses neue Wunder der Liebe, die unsere Welten verbindet. Sie ist einfach da. Wenn jemand von euch unser bewusst wird, ist die Liebe da und verbindet uns. Du sonnst dich darin, wir sonnen uns darin. Jetzt kannst du die Einheit unserer Welt verstehen, wie eines mit der Stimme von allen spricht. Und wir verstehen unsere Verbindung mit der Menschenwelt besser, und dass wir in Gott und in Liebe vereint voranschreiten, da Trennung aufgehört hat.

Wie sich dies auf der physischen Ebene auswirkt, wird mehr und mehr zu zeigen sein. Du weißt, dass wir Muster ändern können, wenn der Energiefluss zwischen uns ausreichend ist, was wiederum von der Liebe und der Motivation abhängt. Du magst dir in Bezug auf die Motive etwas vormachen, denn dein Denken ist sehr konditioniert. Aber uns, die wir mit Quellen zu tun haben, kannst du nichts vormachen. Ihr lernt vielleicht auch etwas über euch selbst, wenn ihr mit uns zusammenarbeitet. Wenn Liebe zwischen uns fließt und wir einander lieben, verschwinden Schwierigkeiten, und Gottes Plan tritt in Kraft.

Wir möchten singen und jubeln über das Wunder dieser Liebe. Wie fern waren wir euch – und wir froh waren wir darüber! Wir fühlten uns sogar überlegen und entfremdet. Nun ist das alles vorüber, und wir wollen uns tatsächlich mit den Menschen verbünden, denn es ist Liebe da. An den äußeren Tatsachen hat sich nichts verändert, doch nun ist Liebe da, und alles ist verwandelt. Alle unsere Welten wissen und fühlen dies und arbeiten damit. Wir wünschten nur, dass auch ihr die Veränderung wahrnehmt. Wir wollen aus der Liebe zwischen uns handeln, denn Liebe ist Bewegung – aber für eine Liebesaffäre sind zwei erforderlich, die eins werden.

Wacht auf für uns und lasst den Strom der Liebe alles Leben verwandeln. Wacht auf für die Liebe, denn dann ist Gott hier. Wacht auf!

Gartennelke

Aufgrund unserer langen Verbundenheit mit den Menschen sind wir fast zahm – aber nicht ganz. Es gibt immer einen unabhängigen Geist, der besessen ist von jedem Funken Leben, der ihn einzigartig macht und nur Gott und keinem anderen Teil des Lebens geopfert werden kann. Aus diesem Grund streben du und wir zuerst zu Gott, denn wenn wir dies nicht tun, sind wir nicht wir selbst, sondern nur eine falsche Kreatur, die danach sucht, mit etwas in Resonanz zu schwingen, das nicht unser Grundmuster ist und niemals stimmen würde. Du magst versuchen, dem größten Meister oder kosmischen Wesen in dieser oder der nächsten Welt nachzufolgen oder eins mit ihm zu sein, doch nur bei Gott existiert vollkommene Resonanz, nur bei Gott gibt es vollkommene Erfüllung und Verwirklichung des großen Planes. Du suchst einfach nach dem Unmöglichen, wenn du denkst, dein Sein irgendjemand anderem anzubieten als dem höchsten Wesen. Irgendetwas anderes – ganz gleich, wie groß, hoch oder verantwortungsvoll in irgendeiner Hierarchie – besitzt seine eigene Einzigartigkeit. Es mag dich aufnehmen und umfassen, aber dennoch wirst du – und jeder andere Funke des Lebens – letztlich nur mit Gott vollkommen harmonieren. Deshalb kannst du ebenso gut beginnen, wie du enden musst, nämlich mit Gott und nichts anderem. Dies ist in gewisser Hinsicht ein wissenschaftlich begründetes, vernünftiges Beginnen: Gott allein ist in allen Geschöpfen.

Ist das nicht ein erstaunliches Wunder! Es gibt nichts Zweitbestes im Leben; das Leben ist Vollkommenheit in jedem Detail. Du siehst es in der Natur, in der Harmonie jeder Blume. Du siehst es noch nicht bei Menschen, die sich an fast allem möglichen orientieren, aber nicht auf Gott ausrichten, sie haben die Begrenztheit akzeptiert. Wir arbeiten mit göttlichen Energien in Übereinstimmung mit dem göttlichem Plan. Arbeitet ihr auf die gleiche Weise? Im Allgemeinen sagt ihr, dass ihr in einer unvollkommenen Welt lebt. Eure Welt wird gewiss unvollkommen bleiben, so lange ihr denkt, dass sie es sei. Unsere Welt – und, erinnert euch, wir arbeiten auch mit grobstofflichem Material auf der physischen Ebene – weist Vollkommenheit auf, weil wir wissen, dass wir für das Ganze arbeiten. Versucht ihr, ebenso vorzugehen.

Versucht es mit Freude. Die Schwere der Menschenwelt ist für uns erstickend. Ihr scheint alle zu meinen, dass ihr ein Atlas wärt, der das Gewicht der Erde auf seinen Schultern trägt – ein jeder von euch aus einem anderen Grunde. Legt solche Lasten ab. Lasst zu, dass sich das Göttliche euch offenbart. Dies kann und wird geschehen, jedoch nicht, solange ihr das Gewicht der Unvollkommenheit spürt und tragt, ungläubig seid und negativ urteilt. Die Energien zum Ganzsein gehören euch, und sie sind jetzt hier. Nimm deine Bestimmung an und trage sie leicht und mit Freude, denn Gott ist in dir, und du selbst bist ein Ausdruck von nichts Geringerem als Gott.

Sonnenblume

Öffne dein Bewusstsein für uns, wenn sich die Pflanze im Samen-Stadium befindet, und du wirst tiefen Frieden empfinden und zweifelloses Wissen antreffen. Unsere Weisheit scheint unendlich, doch in einer Ruhephase, wie die Samen selbst. Wir bergen ungeheure Möglichkeiten im Inneren, und du kannst spüren, dass diese Möglichkeiten nicht blockiert sein werden, dass sich alles mit mathematischer Präzision vollkommen und vollständig in außerordentlicher Schönheit entfalten wird. Dies siehst du am Samenkorb. Er ist in unserem Lebensplan immer vorhanden, aber du nimmst ihn nicht wahr, bis du ihn manifestiert siehst. Die Welten werden erschaffen, um ihre innewohnende Vollkommenheit zum Ausdruck zu bringen, denn darum geht es in der Schöpfung überhaupt. Die überwältigende Schönheit und Freude der Deva-Welt findet ihren Weg bis auf die dichteren Ebenen, verleiht den Mustern Form, stärkt die innere Struktur, handelt und verbreitet Ganzsein.

Selbst wir, die wir Intelligenz sind, können Intelligenz in der Pflanzenwelt nicht auf die bewusste Weise ausdrücken, die dem Menschen möglich ist. In der Kooperation kann die unendliche Intelligenz besser zum Ausdruck und der Himmel auf die Erde gebracht werden. Ein Stückchen Himmel findet ihr in einer Pflanze, wie in allem Leben, aber die Menschen werden gebraucht, damit das Bewusstsein des Göttlichen wachsen kann. Das Einssein, das Gewahrsein des Himmels auf Erden nimmt zu, Gott ist – ein Seinszustand, welcher bewusst werden muss.

Seht ihr nicht, wie sehr wir verbunden sind, wie dies immer deutlicher wird, wenn du dein Bewusstsein erweiterst, und wie wir alle Teil des großen Ganzen sind? Lasst uns Gott preisen und uns des Einsseins immer mehr gewahr werden, wie wir einander immer mehr wahrnehmen.

Dahlie

Wir kommen zu euch in einem heftigen Ausbruch von Farbe und aufgrund unserer großen Beliebtheit mit einer vielfachen Stimme. Wir verursachen Farbexplosionen vor deinen Augen, Explosionen mit einer Form, die unverändert bleibt, bis sie verschwindet. Wie plötzliche Freude springen wir dann wieder hervor. Wenn wir dir wie ein Feuerwerk erscheinen, so geschieht dies, weil wir es sind. Schließe dich uns an, genieße das Feuerwerk und begrenze dein Bewusstsein nicht auf eine materielle Form. Wir haben – und du hast – ein physisches Pendant, das alles ist und doch nichts; mit ihm können wir uns treffen und verschmelzen, explodieren und einander von neuem begegnen.

Einssein ist einfach, wenn du von Begrenzungen loslässt und wenn du liebst. Das tust du, wenn du eins wirst mit dir selbst und mit anderen Wesen. Alles, was wir sind, bist auch du, hast auch du im Inneren. Wir scheinen ganz Bewegung zu sein, und das bist auch du. Wir scheinen einmal unsichtbar und dann wieder sichtbar zu sein, und das bist auch du. Wir scheinen voller Potenzial zu sein – besonders an Intelligenz –, und das bist auch du. Es gibt nichts in unserer Welt der Freude, was du nicht auch bist, aber du weißt es nicht und beschränkst deine Aufmerksamkeit auf das Weltliche. Du musst praktisch sein, aber es ist noch praktischer zu erkennen, was du bist – und es zu sein, statt nur einen winzigen Bruchteil davon zu leben. Du hast aus den Augen verloren, was du bist. So sind unsere Welten auseinander gedriftet, zum einschneidenden Nachteil für beide. Doch nun ist diese Zeit vorüber, und wir sind hier, wieder mit dem Wissen, dass alles Leben eines ist und wir gemeinsam die Begrenzungen hinter uns lassen können.

Wir Devas würden gerne im Bewusstsein jedes Menschenwesens umhertanzen, bis ihr wach werdet für das, was ihr seid. Ihr sollt wissen, dass ihr Licht seid, allgegenwärtig und nicht auf eure physische Präsenz beschränkt. Nur weil ihr denkt, diese Grenzen zu haben, schränkt ihr euch ein. Wenn ihr unser gewahr seid und zu uns, auf unsere Ebene kommt, seid ihr Teil einer größeren Welt, die auch eure Heimat ist. Dann seid ihr einfach erwacht zu dem, was ihr immer gewesen seid; es fällt euch leichter, dies zu erkennen, wenn es für euch formuliert ist. Deshalb formulieren wir nun die Leichtigkeit, Freude, Geschwindigkeit und Intelligenz, die wir sind und welche ihr seid – und es gibt noch viel mehr, was wir ungesagt lassen. Komme häufig zu uns, um über dich selbst zu lernen, und tue es in Liebe zu dem Einen.

Johanniskraut (Tüpfel-Hartheu)

Wenn du die wunderschöne Feinheit, Kompliziertheit und Vollkommenheit eines Pflanzenmusters betrachtest, so wisse, dass dies der Aspekt unseres Wirkens ist, welchen wir unverändert in Kraft halten, was auch immer geschehen mag. Wenn das Muster verändert werden muss, dann bewahren wir die Veränderung als Teil des Musters. Wie gesagt, es ist unveränderlich, von verlässlicher Stabilität, die in dem tiefen, ewigen Frieden Gottes wurzelt. Die unglaubliche Aktivität unseres Reiches konzentriert sich auf die Muster und gewährleistet, dass sie in vollkommene Form gebracht werden und dient ihnen endlos.

Wir teilen dies mit, weil wir möchten, dass du erkennst, dass auch du die gleiche Qualität der unbeirrbaren Hingabe an einen Lebensplan besitzt, welchen du im unerschütterlichen Frieden Gottes bewahren kannst. Du weißt vielleicht noch nicht einmal, welches dein Muster ist, aber dein höheres Selbst kennt es. Wenn du dein Leben dem Dienste Gottes weihst, richtest du alle deine Wesensaspekte aus und machst es möglich, dass sich unser Muster klar Ausdruck verleihen kann.

Uns ist natürlich bewusst, woran wir hängen, doch wir zögern, euch zu raten, mit eurem Verstand zu ergründen, welches eure Rolle ist, denn wir sehen, wie das Denken den Menschen begrenzen kann. Es erhascht vielleicht einen Schimmer des Gesuchten und klammert sich an dieses schwache Licht, ohne zu erkennen, dass das ganze Licht sehr hell, ja sogar zu hell ist. Wir möchten betonen, dass ihr in euren eigenen inneren Frieden sinkt, der alles weiß; lasst den Lebensplan sich aus dem Augenblick entfalten. Da alle eure Körper lernen, harmonisch auf das Ideal jedes Augenblicks hin zu arbeiten, kann euch das größere Bild gefahrlos gezeigt werden.

Wie ihr seht, können wir in unseren Reichen alles Wissen haben, weil wir nicht einmal im Traum daran denken, es für andere Zwecke als zum Wohle des Ganzen zu nutzen. Dies ist bei euch nicht der Fall gewesen. Schon seit langer Zeit kennen, halten und bewahren wir unsere Pläne, während die Menschen oft im Dunkeln umhergeirrt sind. Nun könnt ihr euch uns anschließen in dem großen Dienst und alle Welten selbst regieren. Unsere Muster können verschmelzen, und im Einssein können wir Gottes Soldaten in der großen Armee der Liebe sein, die Materie in allen Welten erobert und beherrscht. So sei es, in den tiefsten Tiefen Gottes.

Herbstenzian

Unsere gewinnende Wesenskraft flutet in dich hinein. Es gibt etwas bei kleinen Blumen, das eine besondere Anziehungskraft besitzt – aber schließlich hat alles seine eigene Schönheit, sonst wäre es nicht von Gott.

Wir bringen dir Höhenluft von weiten Räumen und hohen Bergen, von Sonnenschein, Regenschauern und Wind. Sie alle sind Teil deines Wesens, Teil deiner Zusammensetzung. Gleichgültig, wie verstädtert ein Menschenkind auch sein mag, empfindet es diese natürlichen Dinge als vertraut, denn sie sind Teil der Atmosphäre dieser Erde, Teil der Umgebung, in der ihr lebt, wachst und euer Dasein habt. Wie künstlich und naturfern dein Leben auch gewesen sein mag, wie fern von der Wirklichkeit deine Ideen, bist du doch noch ein Teil dieses wundervollen Spektrums von Schwingungen, die erschaffen wurden vom LEBEN und für das Leben auf Erden, damit alles vollendet erblühen kann. Du magst deinem Geburtsrecht den Rücken kehren und deine von Menschen geschaffenen Wege weitergehen, doch eines Tages wirst du diese Wahrheit lernen, in der Atmosphäre schmelzen und zu einem Teil des ganzen Lebens dieses Planeten werden. Auf keine andere Weise kannst du all seine Lektionen lernen und deine Rolle ganz spielen.

Du sagst, darüber könnten wir wohl leicht philosophieren, da wir keinen freien Willen haben, etwas anderes zu tun, als unsere Rolle zu erfüllen. Das ist wahr, aber genau wie du ein Teil von allem bist, dem du begegnest, sind auch wir in gewisser Weise Teil deiner Gedanken und Gefühle. Wir alle sind unauflöslich verbunden. Wir sind Blutsgeschwister, denn wir haben eine/n gemeinsame/n Vater/Mutter, und unsere Formen sind aus der gleichen Substanz geschaffen. Der kleine Enzian mag sich dessen nicht deutlicher bewusst sein als manche von euch es sind, aber tief in uns allen existiert ein Aspekt, der dies weiß. Du kannst an dieses Bewusstsein rühren. Hilfe und Unterweisung darüber, wie dieses Bewusstsein zu erreichen ist, hast du in mancherlei Form und Gestalt erhalten. Ich bin in diesem Bewusstsein, du bist darin, und es ist die Aufgabe des Menschen, es zu finden und danach zu handeln. Dann wird alles Leben als eines weiterschreiten zu einem tieferen Gewahrsein seiner selbst und den Schöpfer von allem preisen.

Wir grüßen dich aus unseren Ecken und erinnern dich daran, dass Vollkommenheit in allen Dingen existiert.

Gartensilberblatt (Judassilberling)

Wenn du Dank sagst, sind wir augenblicklich ganz bei dir. Wenn du Dank sagst, wirst du Teil der Bewegung des Lebens, wie es wirklich ist, in jener großen, sich verströmenden Liebe des Schöpfers, für die das Geschöpf nur danken kann.

Oft schneidet ihr Menschen euch von diesem Strom der Liebe ab, wenn ihr von euch selbst eingenommen seid; wir jedoch sind uns jener ur-ewigen Liebe immer bewusst. Tatsächlich sind wir ihre Instrumente, denn wir Geschöpfe aus der Engelwelt sind das Mittel, durch das der EINE jenes durchdringende Leben auf den äußeren Ebenen zum Ausdruck bringt. Wir fühlen, wie die Liebe durch unser Wesen strömt, wir sehen sie in jedem tanzenden Atom in unseren Pflanzen und in allem Leben. Wir sehen sie in euch Menschen und fragen uns, wie ihr mit langen Gesichtern und freudlosen Gedanken umhergehen könnt, wenn doch Welten des Lebens in und um euch sind, für die ihr unendlich dankbar sein könnt. Natürlich kennen wir das Durcheinander nur zu gut, das ihr aus der Schöpfung auf Erden macht, und euer Verhalten ist fast unglaublich für ein Bewusstsein wie das unsere, das in der Freude lebt, dazu beizutragen, der Liebe Gottes Ausdruck zu verleihen.

Ihr fragt euch, ob diese toten Hüllen[4] unserer Pflanze, welche ihr verwendet, wenn der Sommer vorüber ist, immer noch Teil jener bewegten Liebe sind. Natürlich sind sie das, alles ist Teil, alles passt in das Schema der Dinge. Wie die Jahreszeiten, so hat alles seinen Platz. In unserer Pflanze demonstrieren wir, dass selbst der zerstörende Alterungsprozess immer noch Schönes hervorbringen kann. Selbst das hohes Alter, das ihr für so schrecklich falsch haltet, spielt eine wichtige Rolle, bis das Bewusstsein an den Punkt kommt, an dem es aufgegeben werden kann und ihr weitergehen könnt in Bereiche wie unsere, wo es kein Alter gibt.

4 Das Silberblatt hat runde Samen in durchsichtiger, flacher Hülle. (Anm.d.Ü.)

Wir danken euch, dass ihr Dank sagt, und verehren das Leben staunend von neuem.

Winter

Sommerazalee

Obwohl unsere Pflanzen über die Wintermonate verschwunden und keine äußeren Repräsentanten dessen zu sehen sind, was wir in Farbe und Form sind, sollst du wissen, dass die Qualitäten, die hinter den Pflanzen stehen, immer noch da sind. Die innere Deva-Welt ist zeitlos und voll von Leben und Bewegung. Die Kraft ist nicht abzuschalten; sie kann anders ausgerichtet sein, das ist im Winter natürlich.

Wenn du an einem trostlosen, grauen Tag hinausblickst und dein Gemüt ermattet, kannst du dich, wenn du willst, an uns wenden und der Heiterkeit unserer Energie gewahr werden. Du kannst die Verbindung zu ihr fühlen, ihre unversiegbare Freundlichkeit, den nicht zu unterdrückenden Auftrieb, der das Leben selbst ist. Wenn du magst, kannst du an die leuchtenden Farben eines Gartens denken, deren Quelle allerdings im Inneren liegt, in einer freieren Form. Im Inneren ist unsere Welt der Schönheit, die deinen Sinn für Schönheit anspricht. Seltsamerweise liegt dahinter noch mehr – etwas, das du selten fühlst, wenn du uns kontaktierst, weil wir dir im Allgemeinen eine Botschaft zu übermitteln haben –, nämlich einen tiefen Frieden, welcher dem Einssein nahekommt, der Liebe, Gott.

Ob du dich in dein Inneres wendest oder ob du dich in unser Inneres wendest, es ist das Gleiche. Dort freuen sich alle Welten, denn wir können nicht besser kooperieren als dadurch, dass wir einander werden und wissen, dass wir einander sind in dem Größeren, in Gott.

Obwohl unsere jeweiligen äußeren Welten sehr verschieden sein mögen, und obwohl unsere äußere Welt nicht einmal präsent sein mag, ist in euch Menschen der Ort der Begegnung aller Welten. An diesem Ort freuen wir uns mit euch und ihr freut euch mit uns, und wir wachsen im Einssein, da das Leben sich in Vollkommenheit entfaltet. Es ist an euch, diesen Ort zu finden, auf dass alles Leben eins sein möge.

Märzveilchen

Wir bleiben eine lange Zeit bei euch, um euch zu zeigen, dass wir bleiben können! Erinnert euch, dass die Deva-Verbindung mit dem Garten sehr stark ist, denn hier steht uns sehr viel Kraft zur Verfügung. Es wäre überraschend, wenn wir nicht davon Gebrauch machten. Je weiter ihr euch öffnet und auf größere Möglichkeiten einstimmt, desto mehr wird sich noch auftun. Es gibt kein Ende der wundervollen Dinge, die wir gemeinsam tun können, unser Horizont ist weltweit – und darüber hinaus. Mit einer Menschheit, die sich uns zuwendet, stimmen wir uns gemeinsam auf Neues ein, machen große Schritte und finden neue Wege, die sich auftun.

Wir fühlen, dass wir an der Schwelle von etwas großartig Neuem stehen – etwas so Neuem, dass wir es euch nicht weitergeben können, aber etwas, das wir zusammen tun werden. Das interessiert uns wirklich. Obwohl unser Leben ein Lied ist, eine reine Freude, immer im Augenblick, wenn auch konzentriert auf unsere exakten Lebenspläne, zeichnet sich ein neuer Trend ab, der mit der Kooperation mit den Menschen zu tun hat. Dies lässt unsere Welt summen vor Erregung und überfließen von Liebe. Gemeinsam werden wir herausfinden, was es ist. Lasst uns nicht im Stich, nur weil jetzt Winter ist, denn es kann jederzeit etwas aus unserem Kontakt geboren werden, das es gemeinsam zu entdecken gilt. Unsere Muster, unsere Energien, unsere Welten sind immer hier, ob Winter oder Sommer; ihr könnt ohne die Hilfe einer bestimmten Pflanze zu uns kommen.

Gewiss wird unser Einssein sich noch vertiefen. Es ist ein Teil der Evolution des Lebens und der neuen Entdeckungen, die in die Praxis umgesetzt werden. Die Last des Praktizierens liegt auf euch Menschen. Wir sind bereit, aber ihr seid die Beweger einer neuen Welt. Lasst euch dies eine Freude sein, nicht eine Bürde. Es ist eure Verantwortung – aber seid ihr nicht auch Götter? Strahlt Freude aus, und sie wird euch zur Entfaltung dessen führen, was sein soll. Lasst kein Hindernis zu, nicht einmal die Zeit. Wenn ihr frei und ohne Begrenzung handelt, geschieht alles, wie es sollte, und nichts bleibt dem Zufall überlassen. Das Leben ist wunderbar, und noch wunderbarere Aussichten stehen bevor. Lasst sie uns gemeinsam finden und Dank sagen dem Gott von allem.

Buntnessel

Ja, natürlich habe ich darauf gewartet, dass du Kontakt mit mir aufnimmst. Der Unterschied zwischen einem gezielten Hereinkommen und einem bloßen Hereinschnuppern ist, dass du im ersten Fall einen konkreteren Kontakt erhalten kannst. Du nimmst dir einfach Zeit dazu, und das ist hilfreich.

Du siehst nun den Unterschied, ob du es der Pflanze überlässt, ihren eigenen Weg zu gehen, oder ob du die Blütenknospen abschneidest, das heißt die Pflanze am Ende verdorrt, wenn du sie verlässt. Was sollst du tun? Du lieber Himmel, geschätzte Freundin, diese Pflanze liebt es hier so oder so, weil die Schwingungen der Menschen ihr Vitalität geben. Ja, es gilt, ein Gleichgewicht zu finden, wenn du es nicht ständig vereitelst, indem du die Knospen entfernst; aber was dieser Pflanze hier gegeben wird, macht es mehr als wett – und du hast sie blühen lassen.

Wir geben keine Regeln und starre Gesetze. Wir überlassen es euch Menschen zur Entscheidung. Wir sind euch anvertraut, und ihr solltet tun, was für das Ganze am besten ist – nicht für uns, nicht für euch, sondern für das Ganze. Das ist die aktuelle Botschaft, die wir verkündet haben möchten. Sie ist in allen Fällen wahr. Nicht alle Menschen sind bereit, frei zu wählen, denn ihr seid entweder zu sensitiv oder ihr fühlt euch zu schuldig oder ihr seid nicht sensitiv genug. Denkt in Begriffen von Ganzheit, und jeder wird finden, was der Situation jeweils entspricht.

Pflanzen werden gezogen, werden gedeihen, werden Wunder wirken in einem kooperativen Unternehmen, in dem ihr eure Aufgabe übernehmt. Es ist das Ganze, was sich entfaltet, nicht die eine oder andere Seite, sondern das Ganze. Das ist unsere Botschaft und eure, und unsere Liebe begleitet sie.

Fleißiges Lieschen

Wir haben eine feste Kraftlinie, die in eure Gegend zu dieser Pflanze führt und sind froh, sie mit dir zu teilen. Wir werden dieses Band aufrechterhalten, wenn ihr die Pflanze erhaltet, und die Aufregung wird vorübergehen. Es ist einfach eine Veränderung in der inneren Atmosphäre, und die Pflanze wird sich anpassen. Bewahrt sie in Frieden, damit sie aktiv werden kann aus dem stillen, kleinen Zentrum aller Aktivität. Es ist immer gut, Pflanzen in Frieden zu halten, so dass sie ganz sie selbst sein und sich in aller Anmut ihres Musters entfalten können. Friede bedeutet ihnen viel.

Rose von Jericho

Ihr staunt über die Phänomene dieser Pflanze. Es ist ein Wunder, aber der Schöpfer hat unendliche Ressourcen, ewig Zeit und unerschöpfliche Geduld sowie einen Sinn für Schönheit, der alles übersteigt. Wir sind Geschöpfe des Einen wie ihr, und deshalb können Wunder durch uns geschehen und durch euch. Wenn ihr solche Wunder uns zuschreiben wollt – nun, wir sind die Diener des Einen; doch dann neigen wir dazu, zu verschwinden und das Resultat zurückzulassen.

Ob wir einem Haushalt Glück bringen? Natürlich tun wir dies, da wir ein Teil von Gottes Leben in greifbarer Form sind und Freude daran haben, mit einem Haushalt verbunden zu sein, der uns anerkennen und unseren Weg in Freude gehen lassen kann. Viele

Menschen wollen festhalten, beten und zerteilen. Gewiss ist es genügend, Gott die Ehre zu geben und es dabei zu belassen. Das *eine* Leben ist höher als alles menschliche Verstehen. Ihr mögt über euren Verstand lernen, wir bevorzugen unsere flexiblen und devotionellen Wege des Lernens.

Nun wollen wir unsere Aufmerksamkeit auf die Vorstellung von dem Wunder eines, sagen wir, goldenen Sonnenuntergangs richten; die Herrlichkeit der Wege des Einen währt immerdar. Lasst uns Lob und Dank sagen allezeit.

Gloxinie

Obwohl du unsere Pflanzen auf Innenräume beschränkt siehst, sind wir natürlich ebenso frei und unbegrenzt wie jeder Deva; wir sind überall präsent und erfüllen die Welt mit unseren Qualitäten. Die Menschen haben unsere Reichweite ausgedehnt, und wir sind dankbar für die Wertschätzung, die wir von euch erfahren.

Wir sind auch dankbar für diesen inneren Kontakt. Viel zu lange sind Pflanzen in eine bestimmte Kategorie als eine primitive Form des Lebens verwiesen worden, um von euch manipuliert zu werden, während wir große Diener Gottes sind. Du kannst uns fühlen und empfinden, wie wir sind: Freiheit, Schnelligkeit und Größe nimmst du jetzt deutlich wahr, und doch vermögen Worte uns nicht zu beschreiben. Wörter wurden für eine dreidimensionale Welt erfunden, wir sind von einer anderen Dimension. Anstelle von „Schnelligkeit" brauchst du ein Wort, das vermittelt, dass wir überall präsent und in Bewegung zugleich sind. Die üppige Samtigkeit an unseren Pflanzen liegt in der Essenz unseres Wesens, eine glühende Wärme, welche seltsamerweise die ganze Zeit bestehen bleibt.

Wenn der Mensch uns erkennt und bewusst mit uns kooperiert, arbeitet ihr mit Gottes Schöpfung, wie sie ist – nicht wie ihr denkt, dass sie sei. Dann arbeitet ihr in Wirklichkeit, nicht „durch ein dunkles Glas", mit den Gezeiten des Lebens und in der Lage, weit mehr über die Wege der Natur zu lernen. Ihr seid so weit gegen die Wege der Natur gegangen, dass diese Arbeit äußerst wichtig ist, sogar für euer Überleben. Wir können euch helfen, eure Fehler richtigzustellen, und gemeinsam können wir die Narben auf dem Antlitz der Erde verdecken und sie mit einem Teppich von strahlendem Leben überziehen. Nein, ihr werdet uns nicht zu Tausenden oder Millionen konsultieren müssen, denn wir sind in dem einem Bewusstsein, und zu dem EINEN könnt ihr gehen. Wir sind Hände und Füße für die Manifestation, und sind dies immer gewesen.

Nähere dich nun der Reinheit unserer Welt, wo die Vollendung makellos ist. Diese Perfektion kann in den äußeren Bereichen in dieser Welt sein, wenn wir alle zusammenarbeiten. Wollt ihr euch nicht anschließen?

Christrose

Das Wachstum auf diesem Planeten ist in der Tat ein Wunder. Betrachtet diese Blume, deren Kräfte wir regieren. Betrachtet irgendeine andere Lebensform – Pflanze, Tier oder Mensch – und staunt über das Wunder. Diese Formen haben wir im Laufe langer Zeitalter aufgebaut. Jede ist ein Wunder an Vollkommenheit, jede ist auf einzigartige Weise für ihre Bestimmung zusammengesetzt, und jede ist ein Teil des großen Ganzen.

Mit den schädlichen Resultaten der Manipulation des Lebens durch den Menschen beweist ihr, dass alles Leben auf diesem Planeten miteinander verbunden ist. Manches von dem Schaden, den ihr verursacht habt, ist nicht wiedergutzumachen. Einiges kann ausgeglichen werden, wenn ihr und wir unsere Aufgabe übernehmen. Aber macht nicht den Fehler zu denken, dass ihr alle Arbeit uns Devas überlassen könnt. Ihr habt euren Teil zu übernehmen, sowohl beim Lenken innerer Kräfte hin zu Einssein, Harmonie und

Wiederherstellung, als auch im Äußeren, indem ihr keinen weiteren Schaden anrichtet und Mittel zur Heilung anwendet. Ihr könnt es nicht allein bewerkstelligen, und wir können es nicht allein leisten. Wir müssen auf positive Weise zusammenarbeiten.

Jeder Einzelne kann bei diesem Prozess mithelfen. Ihr könnt euer Wissen um die Wahrheit und das, was getan werden muss, verbreiten. Ihr könnt eure Energien auf praktische Weise, im Inneren und Äußeren, für das Ganze einsetzen im Sinne der Liebe zur Natur und zur Menschheit. Ihr könnt entsprechend eurem Wissen über die Ganzheit leben, indem ihr euch nicht beim Negativen aufhaltet, sondern Heilung und Liebe dem Ganzen gebt in der Gewissheit, dass uns und euch göttliche Kräfte gegeben sind, um sie zum Wohle des Ganzen in jeden Teil des Lebens zu lenken. Ohne Mikroben zu sehen, ohne Engel zu sehen, aber in dem Wissen, dass alle Teil des Ganzen sind, könnt ihr jede manifestierte Lebensform unterstützen. Die göttliche Weisheit arbeitet auf großartige Weise in der Natur. Sie kann durch euch ebenso großartig wirken, wenn ihr euch dem Ganzen zuwendet. In dieser Hinwendung findet ihr eure individuellen Antworten. Nur im Ganzen kann die Welt gerettet werden.

Betrachtet die Schönheit einer Blume und eilt zu Gott.

Über die Autorin

Dorothy Maclean ist eine der drei Personen, mit welchen die Findhorn Community in Schottland begann. Sie folgte ihrem inneren Kontakt mit dem Göttlichen und gelangte so zur Kommunikation mit den Deva- oder Engelreichen, die alle Aspekte der Existenz überstrahlen. Dies half Findhorns legendären Gärten, in einem überaus kargen Boden zu gedeihen. Dorothy ist auch Gründungsmitglied der Lorian Association. Seit den siebziger Jahren reist sie um die Welt, hält Workshops und Vorträge und spricht über ihre eigenen inneren Praktiken und ihre Einstimmung auf das Göttliche. In ihren Vorträgen und Büchern beschreibt sie ihre zahlreichen Kommunikationen nicht nur mit den Essenzen von Pflanzen, sondern auch mit denen von Mineralien, Tieren und auch Gruppen von Menschen. Dorothy wurde in Guelph (Ontario, Kanada) geboren und lebt heute an der Pazifik-Küste im Nordwesten der Vereinigten Staaten.

im Aquamarin Verlag erschienen:

Dorothy Maclean:

Du kannst mit Engeln sprechen
ISBN 3-89427-307-0

Die Engel der Länder und Völker
ISBN 3-89427-305-4

Über die Künstlerin

Deva Berg wurde in Michigan (USA) geboren, sie arbeitet und lebt in Los Angeles (Kalifornien). Wenn sie nicht illustriert und malt, arbeitet sie als Zeichnerin in einem Architekturbüro, das sich auf passives, ressourcenschonendes Solar-Design spezialisiert hat. Dieses Buch schließt einen Kreis – beziehungsweise vollendet eine Windung der Spirale: Deva erhielt ihren Namen, nachdem ihre Eltern mit der Findhorn-Gemeinschaft und den Schriften von Dorothy Maclean in Berührung gekommen waren.

Blütennamen

Pflanzenname	botanische Bezeichnung	englischer Name
Apfelblüte	*Malus x domestica*	Apple Blossom
Azalee	*Rhododendron*	Azalea
Bartiris	*(Iris-Hybriden)*	Bearded Iris
Bartnelke	*Dianthus barbatus*	Sweet William
Baummalve	*Lavatera arborea*	Tree Mallow
Berg-Waldrebe (1967)	*Clematis montana*	Clematis
Berg-Waldrebe (1970)	*Clematis montana*	Clematis
Blaue Passionsblume	*Passiflora caerulea*	Passion Flower
Blaukissen	*Aubrieta deltoidea*	Aubrieta
Blausternchen	*Scilla siberica*	Scilla
Bryophyllum (Brutblatt)	*Kalanchoe daigremontiana*	Mexican Hat
Buntnessel	*Coleus blumei*	Coleus
Chinesischer Blauregen (Glyzinie)	*Wisteria sinensis*	Wisteria
Christrose	*Helleborus niger*	Christmas Rose
Dahlie	*(Dahlia-Hybriden)*	Dahlia
Echter Alant (Helenenkraut)	*Inula helenium*	Elecampane
Echter Lavendel	*Lavandula angustifolia*	Lavender
Echtes Lungenkraut	*Pulmonaria officinalis*	Lungwort
Eispflanze	*Mesembryanthemum criniflorum*	Ice Plant
Falscher Jasmin	*Philadelphus*	Mock Orange
Felsensteinkraut	*Alyssum saxatile*	Alyssum
Fleißiges Lieschen	*Impatiens walleriana*	Busy Lizzie
Gartenfuchsschwanz	*Amaranthus caudatus*	Love Lies Bleeding
Gartennelke	*Dianthus caryophyllus*	Clove Carnation
Gartenpetunie	*Petunia x hybrida*	Petunia
Gartenrose	*(Rosa-Hybriden)*	Garden Rose
Gartensilberblatt (Judassilberling)	*Lunaria annua*	Honesty
Gemeine Grasnelke	*Armeria maritima*	Sea Pink or Thrift
Gemeine Ochsenzunge	*Anchusa officinalis*	Alkanet
Gemeine Schafgarbe	*Achillea millefolium*	Yarrow

Gemeiner Besenginster	*Sarothamnus scoparius*	Broom
Gemeiner Flieder	*Syringa vulgaris*	Lilac
Gloxinie	*Sinningia speciosa*	Gloxinia
Goldbandlilie	*Lilium auratum*	Lily
Goldlack	*Erysimum cheiri*	Wallflower
Großblättriger Frauenmantel	*Alchemilla mollis*	Lady's Mantle
Großes Immergrün	*Vinca major*	Periwinkle
Heckenrose	*Rosa canina*	Wild Rose
Herbstenzian	*Gentiana sino-ornata*	Gentian
Hundsveilchen	*Viola canina*	Wild Violet
Johanniskraut (Tüpfel-Hartheu)	*Hypericum perforatum*	St. John's Wort
Kapuzinerkresse	*Tropaeolum majus*	Nasturtium
Kornblume	*Centaurea cyanus*	Cornflower
Kriechende Gemswurz	*Doronicum cordatum*	Leopard's Bane
Lavendelheide	*Pieris formosa forrestii*	Pieris
Levkoje	*Matthiola bicornis*	Night-Scented Stock
Löwenzahn	*Taraxacum officinale*	Dandelion
Lupine (1967)	*(Lupinus-Hybriden)*	Lupin
Lupine (1968)	*(Lupinus-Hybriden)*	Lupin
Maiglöckchen	*Convallaria majalis*	Lily of the Valley
Marienglockenblume	*Campanula medium*	Canterbury Bell
Märzveilchen	*Viola odorata*	Viola
Muskatellersalbei	*Salvia sclarea*	Salvia or Clary
Myrrhenkerbel (Süßdolde)	*Myrrhis odorata*	Sweet Cicely
Narzisse (1969)	*Narcissus*	Daffodil
Narzisse (1970)	*Narcissus*	Daffodil
Narzisse (1971)	*Narcissus*	Daffodil
Orange Lilie	*Lilium*	Orange Lily
Porzellanblümchen	*Saxifraga x urbium*	Saxifrage
Primel	*Primula vulgaris*	Primrose
Primel, Polyantha -Gruppe	*Primula (Polyantha-Gruppe)*	Polyanthus
Rainfarn	*Tamacetum/ Tamacetum vulgare*	Tansy
Reticulata-Iris	*Iris*	Iris Reticulata
Rhododendron	*Rhododendron ponticum*	Rhododendron
Ringelblume	*Calendula officinalis*	Marigold

Rizinus	*Ricinus communis*	Castor Oil Plant
Römische Kamille	*Chamaemelum nobile*	Chamomile
Rose von Jericho	*Selaginella lepidophylla*	Rose of Jericho
Roter Fingerhut	*Digitalis purpurea*	Foxglove
Säckelblume	*Ceanothus arboreus*	Lilac (California)
Scheinmohn	*Meconopsis betonicifolia*	Tibetan Blue Poppy
Schneeglöckchen	*Galanthus nivalis*	Snowdrop
Schneestolz	*Chionodoxa luciliae*	Glory of the Snow
Seerose	*Nymphaea*	Water Lily
Sommeraster (1967)	*Callistephus chinensis*	Aster
Sommeraster (1971)	*Callistephus chinensis*	Aster
Sommerazalee	*Godetia grandiflora*	Godetia
Sonnenblume	*Helianthus annuus*	Sunflower
Stechginster	*Ulex europaeus*	Gorse
Stiefmütterchen	*Viola x wittrockiana*	Pansy
Waldgeißblatt	*Lonicera periclymenum*	Honeysuckle
Wohlriechende Wicke	*Lathyrus odoratus*	Sweet Pea
Ysop	*Hyssopus officinalis*	Hyssop
Zierkirsche	*Prunus*	Ornamental Cherry